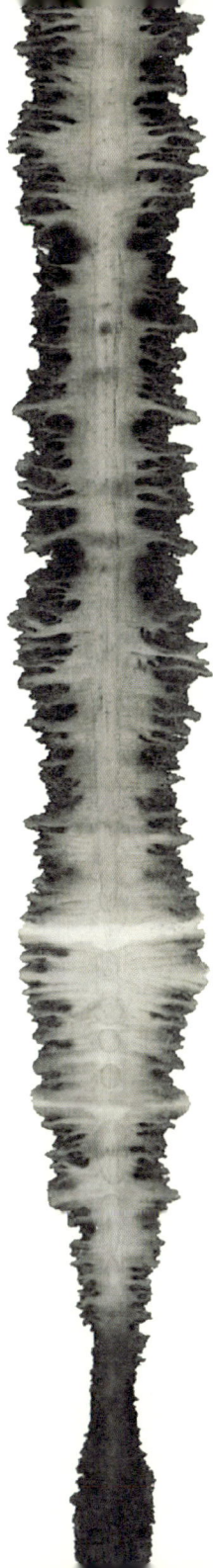

厦门守藝人

厦门市文艺发展专项资金
资助项目

段钰 著

中华工商联合出版社

图书在版编目（CIP）数据

厦门守艺人 / 段钰著. -- 北京：中华工商联合出

版社，2023.12

ISBN 978-7-5158-3852-6

Ⅰ. ①厦… Ⅱ. ①段… Ⅲ. ①手工业者－介绍－

厦门 Ⅳ. ①K828.1

中国国家版本馆CIP数据核字（2023）第249456号

厦门守艺人

作　　者：段　钰
出 品 人：刘　刚
图书策划：熊　颖
责任编辑：吴建新
装帧设计：曾娥梅
责任审读：付德华
责任印制：陈德松
出版发行：中华工商联合出版社有限责任公司
印　　刷：武汉鑫金星印务股份有限公司
版　　次：2023 年 12 月第 1 版
印　　次：2024 年 1 月第 1 次印刷
开　　本：889mm×1194mm　1/32
字　　数：102 千字
插　　图：23 幅
印　　张：6
书　　号：ISBN 978-7-5158-3852-6
定　　价：68.80 元

服务热线：010－58301130－0（前台）
销售热线：010－58302977（网店部）
　　　　　010－58302166（门店部）
　　　　　010－58302837（馆配部、新媒体部）
　　　　　010－58302813（团购部）
地址邮编：北京市西城区西环广场 A 座
　　　　　19－20 层，100044
http://www.chgslcbs.cn
投稿热线：010－58302907（总编室）
投稿邮箱：1621239583@qq.com

▶ 作者简介

　　福建省作家协会会员、厦门市社科联委员，兼任厦门市闽南文化研究会副会长。长期从事文化产业、体育产业和非物质文化遗产研究和保护等工作。出版著作《筑梦者——厦门百姓故事》《我为蓝天而来》《鹭翔海天》，在报刊杂志《大众电影》《台海》《厦门文学》《厦门日报》等发表文字近百万。

天地与我并生，
而万物与我为一。

——《庄子·内篇·齐物论》

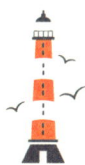

自 序

"艺，才能也。静也。常也。准也。"世界美学史上公认的"普罗米修斯"车尔尼雪夫斯基在《艺术与现实的审美关系》一书中提出"美是生活"的新定义，他的艺术观点提出，"艺术的第一目的是再现生活""艺术的另一作用是说明生活"。在日本的民艺运动之父柳宗悦看来："民艺品中含有自然之美，最能反映民众的生存活力，所以工艺品之美属于亲切温润之美。在充满虚伪、流于病态、缺乏情爱的今天，难道不应该感激这些能够抚慰人类心灵的艺术美吗？谁也不能不承认，当美发自自然之时，当美与民众交融之时，并且成为生活的一部分时，才是最适合这个时代的人类生活。"

厦门，闻名遐迩的艺术之岛，凭借得天独厚的区位优势和自然资源禀赋，孕育出中西文化交融并蓄、传统与现代糅合发展的独特文化景象。

她文脉深沉厚远，丰饶灿烂。那些凝结着人类思想和感情的传统手工艺，具有温暖的人情味，传达着闽南人骨子里的文化审美趣味和精神追求，延续着厦门这座城市的文脉。时间在手艺人指缝间流淌，诉说着岁月无痕。每一件作品都是一次修行，不断变换的艺术形态，源于矢志不渝的艺术追求，诠释着"择一事终一生"的执着。

她在传承中蝶变新生，魅力无限。除了那些世代相传的传统手工艺，艺术品、文化创意、生活美学等服务业工作，如今也开始变得"酷炫"起来。拥有专精技艺和沟通技巧的"守艺人"，凭借对传统技术和知识的掌握，加之创意革新的精神，为传统劳动和职业注入了新价值与新意义，成为他们在文化传承和产业发展中发挥专长的安身之所。他们对职业精神的全新诠释，对美的不断探索，也成为传统文化创造性转化、创新性发展的生动例证，重塑着人们的生活方式和城市文化品位。

在多元的城市文化中，人性的共鸣有着激励社会的公益功能，可以激发族群骨子里的"温良"，朝向奋励、精进、富有的境界前行。大众文化所形成的聚合力量，可以在一定程度上舒缓现代人的生存和精神压力，使社会感到生活中的美好和幸福。作者通过五年深入持续调查不同行业的"守艺人"，讲述厦门传统手工艺人、艺术行业从业者、创意工作者等人群的故事，通过挖掘他们的故事，探讨手作精神与生活美学的内生力量，也藉此探讨在现今社会，人类为获得生命中真正的幸福所应拥有的积极态度、方法，以及正确的人生观。

海上花园的地图徐徐展开，一个个鲜活的故事和人物渐次登场，这方热土上的有趣故事开始了……

目录 | CONTENTS

自然

朴素而天下莫能与之争美。

——《庄子·外篇·天道》

老人与船

【钟庆丰】

人物简介：钟庆丰，男，1940年生，畲族，福船制造技艺市级传承人。参与宋代"华光礁一号"福船、长乐的郑和宝船等重造工程，并用近20年精心制作了大批"福船"模型，其中有近30条模型被中国航海博物馆永久收藏。专业王船制造匠人，参与中马送王船联合申遗工作。

人物感言：造王船不是一件简单的事，不能仅仅把它当作工艺品对待，必须诚心诚意。

相关链接：【福船制造技艺】"福船"是最早把指南针用于海上航行的海船，曾是中国远洋船的主要船型，也是"海上丝绸之路"的桥梁、载体。闽南地区在宋元时期是"福船"建造中心。厦门成为通商口岸后，"福船"产业也逐步发展起来。伴随着历史嬗变，"福船"逐步退出历史舞台，为了弘扬传统海洋文化、舟船文化，传承祖辈的造船工艺，福船制作通过再造历史"福船"来赓续制作王船、舢板捕鱼船和古船模制作等技艺。该项目于2019年被列入厦门市市级非物质文化遗产代表性项目名录；2022年，被列入福建省省级非物质文化遗产代表性项目名录。完全按照中国四大古船中的福船技艺建造的王船是人类非物质文化遗产"送王船"最重要的实物。

大美王船

始终忘不了，那个阳光灿烂的午后，在沙坡尾第一次见到钟庆丰老先生和他亲手制作的王船。

沙坡尾，厦门港源起之地，毗邻南普陀寺和厦门大学，自清代起便作为避风港。早期的厦门港是一处呈月牙型的海湾，金色的沙滩连成一片，故有"玉沙坡"的美称。沙坡尾因位于这段沙滩最末端而得名。渔民早起出海捕鱼，傍晚时分，回到沙坡尾避风坞休憩，形成了独特的渔民文化聚集地，是厦门闹市里唯一的避风坞，也是厦门最老的旧式避风港。曾经繁华的渔港和口岸，使沙坡尾不仅有着繁荣的物质文明，也有着璀璨多彩的海洋文化资源。从船坞、避风坞、锚地、航道、岸线、演武池等历史遗迹，到街巷、骑楼、古厝等物质遗产，沙坡尾蕴藏着最直接、最有温度的城市记忆。古往今来，沙坡尾就是厦门人心目中的厦门港。它是厦门的发源地、城市的摇篮，见证了一代又一代厦门人的成长，承载着很多厦门人曾经的记忆。很多老厦门人认为这里是厦门海洋文化和渔民文化的孕育及发生地，也是最有厦门味道的地方。

伴随着城市的发展、渔业的萧条，这个经历过兴起、发展、鼎盛的渔港在2003年随着演武大桥贯穿沙坡尾的海岸线走向衰落，曾经一度被人遗忘。避风坞也停止使用。直到2015年被思明区列为老城更新示范点后，沙坡尾才再次走进公众的视线。

厦港大学路市场对面有一座宫庙，叫做"龙珠殿"。龙珠殿始建于明末清初，至今已有300多年历史。厦门港渔民主要信仰为池府王爷，池王爷在民间又称为钓艚王和钩钓王，人们认为他是厦门港外海作业和内海作业的保护神。故而，龙珠殿把池府王爷作为主祀神明，隔几年都会举行一次"送王船"仪式。对厦门港龙珠殿池府王爷的信仰，在台湾地区有多处分炉宫庙，如基隆厦门龙珠殿、台中龙威殿、基隆龙灵殿等宫庙，在台湾地区都有广泛的影响。

"送王船"在民间又叫"做好事"，是民间一种包含请王、送王仪式的攘灾祈安的仪式，广泛流传于我国东南沿海及马来西亚马六甲等地区，每隔三四年在季风起时举行。该仪式寄托了劳动人民祛邪、避灾、祈福的美好愿望，表达了闽南人对海洋的敬畏和感恩，是闽南人传承久远的民间习俗，后来演变成了众多非物质文化遗产项目汇演的狂欢节。该项目于2012年被列入我国国家级非物质文化遗产保护名录，并于2020年12月与马来西亚联合申遗成功，列入人类非物质文化遗产名录。

据当地人讲，厦港渔家的"送王船"习俗起源于清朝初期，渔家为缅怀郑成功的丰功伟绩，以王爷作为代天巡狩的神而奉祀，并造王船送之入海，虽不言明而心领神会。厦门港"送王船"活动全都在陆地上进行，称为"游天河"，这与将王船放到海上漂流的"游地河"不同。以特制木船在陆地上"送王船"，是公认的最高形式。每届"送王船"盛典，台湾地区多处分灵宫庙都将组团数百人回祖庙参加朝拜，厦门港龙珠殿王爷信仰为海峡两岸文化交流的重要纽带，也是两岸人民同根同源的重要表现。

"送王船"最重要的实物就是制作精美的王船，可以说，整个仪式的起始就是从制作王船开始的。由于参与中马联合申遗工作，我有幸结识了与"送王船"相关非遗项目的民间热心人士。第一次见到王船的时候，位于龙珠殿旁边的厦门市海洋历史文化展示馆还在建，在一个简易搭建的工棚里，我见到了这位与船打了一辈子交道、面容清癯、精神矍铄的钟老先生。

"小姑娘，本来王船建造的过程是不能让女娃娃看的。今天你算有福气啦！"王船制造技艺项目的传承人钟庆丰老师微笑着开玩笑地说道，"这艘船是用于展示的，所以关系不大啦。"

听闻这话，我立即意识到，王船的制造过程应该是极隐秘且充满神秘色彩的。怀着敬畏的心情走上前仔细端详，当时，王船还在建造过程中，船身已搭建起来，但还没有彩绘，也没有装船帆。仅是半成品，就已经让人惊叹其工艺之精巧了。钟老先生颇有些自豪地抚摸着船身，一一为我们讲解着制船的流程及工艺。王船制造技艺靠口传心授代代相传，已被列入厦门的市级非物质文化遗产名录。其造型设计多由造船师傅凭借自身经验及代代口耳相传的营造法式，现场放样而没有精确的数据与图纸。

这时，旁边的小徒弟递过来一块木料，钟老师只目测了一眼，就说："不行，重新弄。"几毫米的偏差，或许并不会影响王船的整体美观，但他说，造王船不是一件简单的事，不能仅仅把它当作工艺品对待，必须诚心诚意。

制作精美的王船为祭祀而生，造王船被视为一件神圣的事，必须严格按照仪轨进行。当头家在宫庙通过掷筊的方式选定迎王送王以及造船的吉日后，宫庙就辟出一个专门的场地用以建造王船。树灯篙，搭龙骨，从第一斧开凿，造船人就需保持着绝对的虔诚，每一个全神贯注的动作仿佛都是造船师傅与上天沟通的仪式，王船不仅仅是一件工艺品，更像一件艺术品，甚至是一件凝聚着人们信仰的圣物。

　　钟庆丰亲手制造的这艘船至今保持着闽南最大的观赏性王船的记录。这艘王船安放于沙坡尾避风坞海洋文化展示厅内，伴着日升月沉、潮起潮落，静静守护着旁边的龙珠殿，迎接一批又一批前来参观的游客。

　　见过王船的人无不赞叹它的美。它工艺精美，巧夺天工，极其复杂，融合了造船、建筑、雕刻、彩绘等多项闽南传统手工技艺。船身上安放的"官厅"（王爷办公的地方）模仿闽南宫庙样式建造，采用歇山式屋顶，具有闽南传统建筑特色。它的造型优美，王船采用传统"福船"的官船样式，首部尖，尾部宽，两头上翘，首尾高昂。福船是中国"四大古船"之一，为中国古代著名海船船型，是福建、浙江一带沿海尖底海船的通称，造型美观且吃水深，适合远洋航行。它的色彩明艳，绘画寓意美好，用繁复热烈的色彩和彩绘技艺使王船呈现一种热闹非凡的民俗趣味。船底为大气的朱红色，船身以海蓝色和白色为主色调，上面再绘上各式色彩对比强烈的图案。据彩绘传承人陈文滨介绍："王船彩绘的标配一般是船头狮，船尾龙，正面底部开山镜，两侧依次为十二生肖、龙目、铳眼、水仙门、极鳅。有时，还会依据需要绘上凤凰、民间传说故事和'八宝'图案等。"厦门市闽南文化研究会理事、厦港龙珠殿理事、民俗专家黄锡源介绍："王船上的民间故事一般绘加官进爵、米芾（fú）拜石、胡人献宝、合境平安、太白醉酒、大舜耕田、大禹治水。'八宝'图案则代表吉祥如意、为官清廉等美好寓意，如象征长寿的寿桃、多子的石榴和葡萄等。"

　　船身上所绘的图案皆有讲究：狮子在百兽中雄伟彪悍、高贵威严，具有强烈的震慑力。在中国，古人认为狮子不但可以辟邪，而且可以带来祥瑞之气，所以在船头安上威武的雄狮头，烘托出王船凶猛威严的气势。开山镜是王船正面底部下方圆形的图案，相当于现代船只的导航雷达。水仙门在船舷中间，一般是三块或者五块木板组成，中间画太极，代表水仙王，人也多是从这个门出入。极鳅是船尾两边所绘的一对身体粗壮的神鱼，传说东南沿海有条木帆船受到大鲨鱼的攻击，危急时刻被这条神鱼所救，人们为了答谢这条神鱼的救命之恩，就按它的样子画在不易磨掉的船尾两边以作纪念。靠近船头两侧是十二生肖的图案，寓意保护所有人平安。龙目是船头两侧的圆形图案，相当于船的眼睛，左右两边各一个，"送王船"习俗中点睛是重要的仪式，旨在通过开光点眼活化王船的灵魂。官船的龙目向上，用于观天象；商船的龙目平视，用于测海况；渔船的龙目向下，用于探渔情。船尾书"顺风得利"四个字，表达了渔民祈求平安顺利的美好愿望。

2019年12月14日海沧钟山水美宫"送王船"仪式中的王船（欧阳淑顺供图）

至诚至臻

　　钟庆丰老师是厦门钟宅人，自幼出生在海边。钟宅是畲族聚集的村落。600多年来，在这片土地繁衍生息的畲族人，有自己的语言，却没有文字，但他们用自己的智慧，守望古老而璀璨的民族文化，开天辟地，乘风破浪。随着城市化的变迁，高楼大厦和汽车的轰隆声，取代了钟宅往日的宁静烟火，唯有粗壮的古榕树和静默守望的宫庙，诉说着村落600多年的悠长历史。

　　在这块底蕴厚重的土地上生长的钟庆丰老师，打小看惯了渔船在清晨薄雾中驶离渔港，又满载着夕阳和鱼虾回归家园，与船结下了一生的不解之缘。

　　"十几岁开始，在村里干农活、编竹笼，但是收入太低，一个月工钱才3.5元。"钟庆丰回忆说。19岁那年，因为厦门造船厂需要一些会编竹笼的人，钟庆丰恰好有这手艺，于是他报名成了造船厂负责编竹笼的工人。钟庆丰说，当时编竹笼主要是用来围马銮湾的海堤，一个竹笼长四米，钟庆丰手脚麻利，一天能编五六个。后来，造船厂需要学徒，钟庆丰等一批工人因为对围海堤贡献大，就被送到造船厂当学徒。正值青春年华的钟庆丰便跟着造船厂的周份师傅学习造船技艺。周份是龙海造船世家出身，造船技艺精湛。钟庆丰白天跟着周份师傅做木工、船模，晚上开始学习造船理论和技术知识。

　　"师傅去哪里，我们就跟着去哪里，师傅叫我们做什么，我们就做什么。"在这种传统的学习中，钟庆丰学到了扎实的造船技艺。

22岁那年，造船厂搬到了厦港沙坡尾，改名叫厦门水产造船厂，钟庆丰选择回到了自己的故乡钟宅。不久后，钟宅大队要办农具厂，钟庆丰有木工手艺，被推选为厂长，于是他带着30多个人办起了农具厂。

之后，又因为钟宅附近有20多条内海渔船，需要一个造船厂，1972年开始，钟庆丰又被推选为钟宅大队造船厂的厂长，于是他又做回老本行，还培养了20多个徒弟。

"钟宅的船坞主要是造渔船，还为往来于厦门、金门、潮州及台湾之间的渔船修修补补，那时的船坞在当时的厦门算是颇具规模的。"钟庆丰回忆说，当时厦门港务局的木船也送到他的造船厂维修，此外还有轮渡公司运客到鼓浪屿的木船也在此修造。可惜的是，1982年因为修建海堤做盐场，船只进不来，钟宅造船厂也只好解散了。

此时的钟庆丰再一次面临转型，这一次他做起了古建筑。"只要是我看到过的，我都能做起来。"钟庆丰笑着说，当时做古建筑，也就是建宫庙、祠堂，他自己设计，请来工人施工，木雕和油漆则是自己亲自做。当时做古建筑的人少，钟庆丰设计的宫庙比较先进，建筑也比较精美，他很快出了名，从厦门岛内到翔安马巷、杏林，很多村庄都请他去盖宫庙、祠堂。至今，钟庆丰建了有100多栋古建筑，直到现在，还有许多人请他去设计、指导古建筑建造及修葺。

20世纪80年代，沉寂已久的"送王船"仪式重新在钟宅复兴，可是随着老一辈造船人的离世，已经找不到可以造王船的人了。钟庆丰根据老辈人的描述，凭着从前的记忆勾勒王船的模样并加以改进，反复易稿三次才最终定稿。其实，1972年钟庆丰担任造船厂厂长时，就开始钻研制造王船。随后几十载岁月，钟庆丰成了专业的王船工匠，厦门大多数王船都出自他手。历史的车轮滚滚向前，当年湖里区的一声炮响也让厦门这座东南沿海的小岛成为经济特区，迎来了经济社会飞速发展的黄金时代。从前的避风坞不再有成片渔船启航归航的盛景，变得安静沉寂；周围建起了摩登高楼，钢筋水泥和玻璃幕墙取代了曾经的红砖彩瓷；骑楼不再是本地居民的安居之所，摇身一变成为时尚、潮流的旅游网红打卡点，传统与现代在这里交汇、碰撞、融合。

外面的世界飞速改变，许多同乡挣钱发展迁离钟宅，而钟庆丰一直守护着生养自己的这片大海，守护着王船，专注王船制作技艺，几十年从未改变。他知道，自己的根就在这片混着大海气息的泥土里，他的心，始终与心爱的船系在一起。

2017年，沙坡尾建立海洋历史文化展示馆，选址就在当初龙珠殿旁建造王船的临时工棚。钟庆丰老师与厦港龙珠殿传承人阮和国等能工巧匠一道，所建造的那艘长10.58米、宽2.22米、高度达7米多的王船，将永久展示给市民和游客，让更多人能够欣赏到王船神秘的美。现在，海洋历史文化展示馆已成为厦门旅游网红打卡地，众多明星、游客等纷至沓来，观赏王船。据钟老师说，这艘王船是在他手中诞生的最大的一艘王船，仅木工和雕刻，就需要花费两三个月时间，王船的彩绘部分也花费了几个月时间。

"我不能让这个传统技术在我手里断了。"钟庆丰靠着自己的记忆，复原了图纸。对这门传统技艺感兴趣的年轻人并不多，在造船时，除了自己的儿子，并没有其他年轻人愿意学，让他颇为遗憾。

　　2015年，一个机会来了。当时，钟宅民族小学邀请非遗传承人进校园，为钟庆丰打开了一扇传承的大门。而学校的老师陈文旌作为他的搭档和助手，也给这条传承之路带来更多的可能性。

　　而今，有越来越多的年轻人热爱传统文化并主动参与到传统民俗的保护与传播中。钟宅民族小学于2015年成立了王船文化与工艺制作传习中心，非遗王船传承人钟庆丰老师无偿每周为学生传授王船制作技艺，通过写作、建模型、绘画等丰富的形式，将王船制造技术及造王船的工匠精神传授给小学生们。学校被授予福建优秀传统文化特色学校研究基地和闽南文化特色项目（王船制作技艺）传承教学基地。

钟宅民族小学传承"送王船"制造技艺（陈文旌供图）

海之梦

地球表面70%都被水所覆盖，神秘的大海蕴藏着人类最美好的向往，以及对未知危险的恐惧。有人说，人类"乘船走向海洋"的冲动塑造了更多形式的文明，虽然人类不以水域为家，但却拥有独一无二的优势——造船和航海技术。因为有了船，人们的生活轨迹从最初小心翼翼沿着海岸线探索，到尝试走向浅海，再渐渐拓展到深海、更深的海……及至更加宽广的新天地。

船在生死未卜的"游戏"里冒险，也飘摇着一份乡愁。福建拥有3324公里长的大陆海岸线和1404个沿海岛屿，与台湾地区隔海相对，生活在闽地的古越人很早就驰骋于广阔的海洋。福建多为丘陵地形，山脉众多，是海上航路搭建起了福建与外省和海外的社会经济交往。由于境内多山，盛产造船所需的木材和铁、桐油、麻、生漆等物料，民间就地取材造船，沿江沿海各地造船业十分繁荣。这些得天独厚的条件，使福建帆船成为中国古代海船的主要船型，造船技艺也一代代传承下来。人们与船只之间的联系渗透到生活的方方面面，包括生死观，对太阳和潮汐等运行规律的认识，以及劳作规划等。而中西方传说里有各种关于船的故事，方舟等神话故事更是为它抹上一笔哲学与宗教相杂糅的神秘色彩。通过对与信仰有关的"船"的研究，可以窥见先人们对海洋探索的壮阔历史、时空观念以及"天人合一"等智慧思想的火花。

海峡两岸流传着许多关于王船的美妙传说，如富美宫随大海飘走的王船最终停靠在台湾苗栗的岸边〔据史料记载，清光绪廿九年（1903年），王船"金庆顺"号漂抵苗栗县后龙镇外埔村〕，台湾民众将其视为上天的护佑，认为王爷到来能为一方土地和人民带来平安和幸福，于是便打捞并虔诚地供奉起来。在更大的范围，如新加坡、马来西亚马六甲地区等，闽南人的后裔依然保留着"送王船"的习俗。

2019年，海沧区钟山水美宫"送王船"仪式所用的王船也是钟老先生所造。在仪式现场遇到他，还是一副和蔼可亲的微笑模样，静静地站在角落。身边的人建议说，老先生今年70多岁高龄了，一辈子都在从事王船制造技艺，到现在还只是市级非遗传承人，能不能考虑推荐他参评一下省级非遗传承人。老先生有些害羞地微笑着，搓着双手，不好意思地说道："没事、没事，我不给大家添麻烦。"

2020年12月，"送王船"项目成功列入人类非物质文化遗产。钟庆丰也作为王船制造技艺传承人参与了该项目申遗的相关工作。他完全没想到，自己这辈子还能做成这么大的一件事。只要说起王船，他就满心欢喜，笑逐颜开。

正是因为有了钟庆丰这位"痴心汉"，王船才盼来了在世界舞台的惊艳亮相，带着满载着坚韧的理性思考与美学凝聚，将先人留下的造船技艺、海洋知识，以及敬天爱人、化怨为和的理念传播开来，成为"一带一路"沿线国家和地区民心相通的标识，驶向更加宽广、美好的未来。

难以忘怀，在沙坡尾初见的那个下午，一位老人立在他心爱的王船旁边，嵌入身后的大海，构成了一幅绝美的画。

TIPS:
【厦港海洋文化展示厅】
位置：厦门市思明区沙坡尾58号

锡雕侠侣

【郑天泗、庄亚新】

人物简介： 郑天泗，男，1980年7月出生，民盟盟员、省级非遗代表性项目锡雕（同安锡雕）传承人、中级工艺美术师、中国民间文艺家协会会员、厦门市民盟文化委副主任、民盟中央美术院厦门分院艺术家、福建省民间工艺专家、厦门工艺美术大师、厦门市同安区首批民俗文化人才、厦门市第九批拔尖人才、厦门市工艺美术学会副会长。其妻庄亚新是市级代表性非遗项目传承人，夫妇俩享有"锡雕侠侣"美称。二人创办的厦门银敲文化艺术有限公司，是锡雕（同安锡雕）项目的保护单位，公司创立之初就确立了品牌"银敲"，寓意"银同千载邹鲁，敲锡百年传承"。

人物感言： 我也不会做别的，只是老老实实做人，踏踏实实做事，这辈子就把锡雕做好。

相关链接： 【锡雕（同安锡雕制）】同安锡雕制作技艺历史悠久，在明朝时期同安百姓已广泛使用锡制品，如锡酒壶、锡酒杯、锡烛台、锡花瓶等。婚嫁丧娶、馈赠新朋好友，更是以锡制品为贵。由泉州府晋江民间打锡艺人李耀辉的第四代传人郑天泗、庄亚新在同安创立的新赐锡雕工作室，至今仍保留传统民间打锡技艺，用于制作锡灯、锡香炉以及造型淳朴、雕刻生动的佛教、道教器皿。10多年来，同安锡雕在原有传统技艺基础上不断创新，重新焕发生机，于2013年被列入《厦门市第四批非物质文化遗产保护名录》，现为省级非遗代表性项目。同安新赐锡雕工作室被确认为保护单位，该工作室也是目前厦门地区从事锡雕传统手工制作的唯一工作室。

郑天泗、庄亚新夫妇（郑天泗供图）

执着前行

天刚泛起鱼肚白，郑天泗就出门了。狭窄的巷子里传来几声狗吠，微弱的光把他瘦弱的身影拉得很长。

郑天泗寻思必须得赶在上午前把煤气罐都送完，这样下午就能多点时间做锡雕了。他一边飞快地走着，一边在心里计划着时间安排。为了能尽量多挤一些时间做锡雕，郑天泗没有像其他转行的锡雕匠人一样去做装修或是其他挣钱多的行当，而是选择了扛煤气罐这种体力活，虽然挣钱少，但能够自由掌握时间，一有空就能打些锡器。

很快，郑天泗就走到了自家摩托车旁边，"哎，摩托车的座椅又坏了……"他不禁皱起了眉头。

海绵从座椅破洞的地方露出来，仿佛在嘲笑自己。这辆摩托车还是丈母娘以前送货用的，已经使用了10多年，像一个严重哮喘的病人，"突突突"的响声像哮喘病人的咳嗽，噪音巨大，让人听着难受。每天一闲下来就琢磨锡雕，一直没时间去修。

"再撑一段时间吧。"郑天泗心里对自己说。想到这，他吃力地推着摩托车上路了。相对于瘦弱单薄的他来说，这辆装着煤气罐的摩托车显得有些过于沉重，但更为沉重的，是生活的担子，以及家人的期待。想到孩子马上要开学了，他心里盘算着得赶紧多挣点钱。

走了一小段，他回头看向巷子深处自家的小楼。这时，院门打开来，在晨光中，他看到妻子一边往孩子书包里放早餐，一边牵着孩子出门。一高一矮两个身影，深一脚浅一脚，急匆匆地往学校的方向赶去。

他还想起一次，接孩子放学回家路上，商店的玻璃橱窗里在展示一个变形金刚，孩子紧紧地趴在玻璃上痴痴地看，看到孩子渴望的眼神，郑天泗不由得暗暗看了下价格：800多！一个正品的变形金刚玩具就要800多！于是他对孩子说："回家爸爸用锡给你做一个怎么样呀？保证跟这个一模一样。"孩子自小懂事，早已明白父母的艰辛，他拉起郑天泗的手就往家的方向走，说："我才不喜欢呢！"然而走了几步，又偷偷往回看了几眼。

想到这里，郑天泗心里酸酸的，我们的传统锡雕工艺什么时候也能做到这样，叫好又卖座？他握紧了摩托车把手，为自己又鼓了一把劲。

锡雕是一门有着几百年历史的独特工艺，始于唐宋，盛于明清，然而由于市场日渐萎缩，加上其制作难度大，程序复杂，只剩下零星的打锡手艺人。其实，在学锡雕之前，郑天泗还从事过雕塑，随着时代的发展，传统工艺行业愈来愈艰难，许多当年的同行都转行去做更加赚钱的行当了，比如从前在同一家锡雕工厂的阿水转行做装修，赚了很多钱，在村里盖起了三层的小洋楼，还买了一辆进口丰田汽车，一家人生活过得很滋润。而自己还是苦苦地坚守着锡雕这门老手艺，为了这份深爱的事业，甚至连一家人赖以为生的小本生意都放弃了，积蓄花光，使得家里的生活比较拮据，父亲和岳母都一度苦劝他们放弃锡雕，另谋出路。难能可贵的是，他有个好妻子，妻子庄亚新一直在身边支持着他，从没埋怨过一句，妻子的理解是他前进的不竭动力，想到这，他心里有些暖暖的。

盛夏时节的厦门，湿热的空气让人喘不过气来，像蒸笼一般。郑天泗每天的任务是给同安片区的住宅楼送煤气罐，他忙活一上午，终于快完成任务。由于想赶紧回家把剩下的锡器做完，他午饭的时候也没耽搁，简单啃了个面包，喝了杯水，就马不停蹄地奔向最后一个小区。

这是个90年代中期建成的小区，住户基本是老同安人。由于建筑设计的原因，这个小区南北朝向的房子有煤气管道，而东西朝向的没有，所以有很多住户需要用煤气罐。小区配套很齐全：一楼是底商，有沙县小吃、沙茶面等一排小吃店面，旁边还有幼儿园、小超市、蔬菜水果店、茶叶店等。郑天泗给这些商铺送完煤气，还要给楼上的住户送煤气罐。老旧小区没有电梯，他不得不扛着煤气罐楼上楼下往返好几趟，衣衫已经湿透，湿哒哒的黏在身上。最后一户人家在六楼，郑天泗敲了敲门，没人应，他又四下望了望，喊了几声，还是没人回应。他以前也给这户人家送过煤气，知道这户人家是一对夫妻，儿女都出国了，平常只有夫妻二人在家，为人很礼貌客气。

"这个点，应该不是在睡午觉，是不是下楼买东西了？"他纳闷道。想到他们做饭的时候可能需要用煤气，他只好坐在门口等着。下午1点多钟，正是日头最大的时候，闷热的楼道里没有一丝风，他心里很焦急，一边惦记着没有完成的锡雕作品，一边又生怕耽误这对夫妻用煤气，左右为难。

最终，他还是决定继续等一会儿。

每一分钟都是煎熬，时间就像静止了一般。这对夫妻回家时看到守坐在门口的郑天泗，才想起今天叫了煤气，连声道歉。原来这位男主人是一所高校的客座教授，今天上午发挥余热去学校给学生做讲座，有些学生一直拉着提问，二人忙得忘记了回家时间。

郑天泗憨厚地说："没关系，没关系。我也没啥事，就是比较着急回去做锡器。"

"哦？"男主人突然盯着郑天泗仔细打量起来。

"我想起来了！我在报纸上看到过你的报道！"

说着，他从包里抽出一张名片，递给郑天泗，说："以后如果有什么需要可以来找我。我改天还要去找你买点锡器呢！"

"恩，谢谢您！"郑天泗收起名片，帮他们装好煤气罐，就急急忙忙往回走。真的已经耽搁太长时间了，他现在又累又渴，更重要的是，他心心念念着没能做完的锡器。

再次骑上那辆老掉牙的摩托车，吭哧吭哧往家赶。"虽然耽误了点时间，但是能方便别人，也算做了件好事。嘿嘿……"他轻轻摇了摇头，轻叹着笑了下。

直到傍晚时分，郑天泗才回到家门口。他强打精神，收起疲惫，撑起一张笑脸。妻子庄亚新正在厨房里忙碌，听到动静，立马迎了出来。

"今天怎么那么晚？"庄亚新一边问一边心疼地抬手为丈夫擦去额头的汗水。

"没事，多送了几家。"郑天泗咧嘴一笑。

庄亚新说着，递过来一杯水，并叮嘱说赶紧洗洗手，马上开饭。郑天泗嘴上应着妻子，却径直往工作室走去。庄亚新望着丈夫的背影，一边笑一边无奈地摇摇头。

庄亚新已经习惯，丈夫一回家就走进心心念念的工作间，她很理解丈夫对锡雕的热爱和痴迷。当年，在同一家工厂做学徒的时候，就是因为两个人对锡雕有共同的热爱，而郑天泗对锡雕的执着深深地打动了她……最终，两个有共同追求的人走到了一起，相互扶持，共同奋斗，尝尽了生活的酸甜苦辣，克服了种种困难……想到这儿，庄亚新的眼睛湿润了。庄亚新心里琢磨着得给他炖个汤好好补一下身体，便转身进厨房忙活开了。

庄亚新做好晚饭，喊郑天泗下楼吃饭，喊了几声，没回应。她上楼一看，郑天泗正在工作间专心致志地敲打一对莲花灯。

在闽南地区，"锡"与"赐"同音，具有祈福、吉祥之意。自古以来，闽南和台湾地区就颇推崇锡器，旧时同安人做嫁妆，以锡制品多少论排场。在古城区有一条"打锡街"，清朝最繁盛的时期有30多家打锡作坊，产生了不少优秀的锡雕手艺人和老字号打锡作坊。可如今随着岁月流逝，锡制品慢慢淡出人们的生活，手艺逐渐失传，曾经十分兴盛的锡雕技艺也日渐式微，当年车水马龙的打锡街已找不出一家店铺。如今也仅有一些寺院会购买锡制品用于制作仪仗道具、佛事法器及茶壶、烛台等。所以，他们现在做的最多的就是此类用品。

庄亚新轻喊了几声，郑天泗都没反应。她不忍心再打扰，轻轻把门拉上。

荧荧微光

机遇永远留给有准备的人。有一天，庄亚新一路小跑着回家，开心地告诉郑天泗，区里要组织传统非遗项目参加海峡两岸文博会，她觉得机会很好，希望郑天泗能够参加。

在郑天泗的眼中，活泼开朗的妻子就像一个长不大的小女孩，永远保持者一份纯真，但有时候她身上又有一种强大的能量，坚韧乐观，支撑着整个家庭走过那些艰难岁月，而欢笑阳光从未缺席。正可谓，"黄连树下唱小曲——自得其乐"。

听庄亚新说完，郑天泗却陷入了沉思。他很早就听说过，现在国家大力发展文化产业，各地都在争相举办文博会，促进本地文化产业发展。其中，最有影响力的是北京文博会、深圳文博会，聚集了全国各地文化创意类企业和人才，厦门的海峡两岸文博会则独具特色，囊括了海峡两岸的各类参展商，尤其是台湾地区文创界的企业和各种新奇的项目最为吸引眼球……但是，他转而想到，他们目前的产品多数是传统的用具，跟展会的创意展品不同，而且非遗传承人可能应该更多地专注于技艺提升上，而不是去参加太多活动，分散精力。他记得十分清楚，2010年的厦门佛事展，丈母娘将仅有的7000元积蓄全部拿出来资助他和朋友合伙租了个展位，但在佛事展参展了两天，一件作品都没卖出去。想到这里，郑天泗直摇头，陷入了沉思。

庄亚新见丈夫一脸沉思的样子，知道他在纠结，便从旁给了很多分析建议："天泗，你听我说，我觉得我们的锡雕工艺在现在这种形势下，不能再按照原来的老路子去走，应该要有新的拓展。"庄亚新始终坚持认为文博会是个很好的平台，他们可以借此跟全国的手工艺人多交流，多学习一下别人的做法，也许能有新的灵感，没准就能够突破现在的瓶颈。

郑天泗觉得庄亚新说的有道理，锡雕作为同安的一门传统雕塑艺术，有十分久远的历史和深厚的文化底蕴。现在刚好全市在大力发展文化产业，为了鼓励扶持大家积极参加展会，政府会有补助，不用自己掏参展费。这确实也是锡雕的一个好机会！郑天泗明白，这不光是要不要去参加展会的问题，而是关乎到以后发展道路和方向的大问题。

庄亚新听到丈夫同意去参加文博会，非常激动。郑天泗看着妻子兴奋的样子，心里也十分开心，他最终决定去参展更多也是为了照顾妻子的感受，对于这次参展仅仅是抱着试试看的态度，并没抱太大期望。

窗外，阳光暖暖地洒进来，窗台上的盆栽舒展着枝桠，映在黄色的窗玻璃上仿若一幅画。看着这充满生机的画面，庄亚新的心里也升起一团希望。作为一个土生土长的同安人，庄亚新对这块土地充满了感情，从小就接触锡雕工艺，她对锡雕也十分热爱，回想着小时候锡雕行业的繁荣景象，她十分期待有朝一日锡雕工艺能重新焕发出光彩。

郑天泗从集美轻工业学校毕业后，因为放不下心中的锡雕情结，在从事了四年泥塑创作后，转投泉州府晋江民间打锡艺人李耀辉第三代传人李剑泞门下，学习传统锡雕技艺，主要是为台湾地区代工制作宗教礼器、婚嫁用品等。也是在这里，与他这一生的伴侣庄亚新相遇。2009年，郑天泗夫妇回到厦门同安后，创办了新赐锡雕工作坊，将同安已断层百余年的传统锡雕技艺重新接续下来。期间，郑天泗一直尝试将新的设计理念与传统工艺进行结合，但这种新尝试的未来如何，他并没有把握，身边的人也并不认同他的努力，觉得是徒劳无功。然而，他凭着多年的实践和思考，觉得传统的锡雕必须创新，也只有创新才能突破现在的困境，重新焕发生机。

接下来的日子，就是筛选展品、包装、办理参展证等各项琐碎的事情，庄亚新积极且充满激情地筹备着，郑天泗就专心设计、创作展品，日子倒也相对轻松，就静静等待着文博会开幕。

2009年10月29日，第二届海峡两岸（厦门）文化产业博览交易会在厦门开幕，台湾地区艺术家的创意艺术品在厦门亮相文博会，受到两岸业界和民众的关注。展会以"一脉传承·创意未来"为主题，来自国家和省里有关部门及海峡彼岸的嘉宾共同出席了开幕仪式。开幕式人山人海，郑天泗夫妇看到，除了参展嘉宾，还有很多扛着"长枪短炮"，来自全国各地的媒体记者。开幕式结束后，他们看新闻才知道来自台港澳、云南、甘肃、黑龙江、吉林、河北、江西、宁夏、重庆、上海等兄弟省市，以及杭州、宁波、深圳、哈尔滨、西安五个副省级城市都组团参加了，规模可真不小呢。

隆重的开幕式结束后，领导们按照参观路线走访各个展位。每一个展位的参展者都争着向大家展示、讲解自己的展品。只见全场每一个人脸上都兴高采烈，嘉宾、参展商和采购商们到处走，到处看，并时不时用手机拍下自己喜欢的作品。郑大泗专门在小本子上认真记录了展会的各种情况，并作了认真细致的分析。他拿着展会的导览册认真分析，除了照顾自己的展位，还应该去哪一个区域好好学习一下，开阔开阔眼界。铺开展会导览册，他发现这一届展会汇集了海峡两岸具有代表性的文化产业单位、产品和服务，涵盖了创意产业、广播电视、传统艺术、工艺美术、非物质文化遗产等，他觉得自己应该从工艺美术展区看起，这个板块应该对自己最有帮助。

正当他仔细研究的时候，感觉妻子庄亚新碰了碰自己。原来是领导们巡馆到了同安展区，一位领导发现了郑天泗的锡雕作品，十分感兴趣，走上前详细询问了他创作的思路、材质、工艺等。郑天泗并不认识这位领导，只见他周围跟着许多人，还有记者在拍照，感觉应该是个不小的领导。但他看上去很斯文，很亲切，郑天泗就像平日里跟朋友交流一样，从锡雕的历史、发展，到自己学艺、传承和尝试创新的过程，都详细地介绍了一番。领导听后大为赞赏，鼓励他继续坚持创作，让老祖宗留下来的好东西传下来，活起来。在场的领导和嘉宾听后十分认可，频频点头。接下来就有媒体记者跟他要了联系方式，说后续要采访。

闲暇时间，郑天泗也四处逛逛其他人的展位，参加一些论坛活动等。来自台湾的法兰瓷、东阳的木雕、西藏的唐卡……全国各地的工艺精品让人目不暇接。福建素有工艺美术大省之称，展会也聚集了全省各地的优秀工艺大师及作品，比如寿山石雕、莆田木雕、德化白瓷等件件堪称经典。

展会第三天临近闭馆前，郑天泗在一个台湾地区的展位前看到了一件美轮美奂的锡雕作品，是一只非常精美的法兰瓷花瓶，上面竖着数根竹子，枝头还立着一只小鸟，活灵活现，栩栩如生，他仿佛都听到了小鸟唱歌的声音。郑天泗眼前一亮，这正是自己一直苦苦追寻，想要达到的艺术效果啊，我们传统的花瓶造型都千篇一律，很少有人想到做成立体的。而做成立体的花瓶，已经成为一件精美绝伦的艺术品。原来生活用品还可以这样做！明清时期，大批福建人赴台，带去了包括锡雕在内的民间手工技艺。但无论大陆还是台湾，锡雕工艺鲜有制作技术的记载和参考资料。台湾地区的文创产品一直做得非常好，而今可以现场观摩他们巧夺天工的技艺，郑天泗兴奋不已。

郑天泗很早就听说过台湾地区有一位著名的工艺大师陈万能，他是少数获得民族工艺薪传奖的艺术家之一。并且，他的祖籍就是同安，生于锡器世家，自幼耳濡目染，14岁随父学艺，承习家传，青出于蓝而胜于蓝。

郑天泗记得非常清楚，陈万能有一句名言，他说："昨日的创新，就是今日的传统；今日的创新，就是明日的传统。时间一直在走，不会停下来等我们。因此，唯有不停下脚步的努力创新，才能开创出自己的路。"郑天泗找到了共鸣，十分认同他的理念，多年来他自己也一直秉持这个信念，坚持着艺术创作。

可惜大师并没有来参加文博会。郑天泗又仔细地端详起法兰瓷展区的每一件作品，不放过任何一丝细节，认真地揣摩工艺大师在制作过程中的构思和技法，心想他们是怎么突破技术难题，把瓷器做成立体的。他痴痴地盯着看了很久，然而有一部分内容还是未能领悟。这已经是展会的最后一天，参展商要准备撤展，未能做更深的交流，不免留下些许遗憾。

星火成炬

在文博会上看到的栩栩如生、形态各异的精美文创作品，一直在他心头浮动。

郑天泗认真思考：在古代，锡是仅次于白金、黄金、银的第四种贵重金属，具有亮如镜、色如银的外形特征和抗碱无毒无锈防腐蚀的功能，以其"盛水水清甜，盛酒酒香醇，贮茶不变色，插花花长久"的特质而广受欢迎。随着时代的发展，各种合金材料层出不穷，被广泛地应用于生活中，锡器逐渐与人们的生活渐行渐远，市场越来越小众，成为亟待被抢救的一项传统手工艺。从前他们制作的多是一些传统的用于婚丧嫁娶、馈赠亲友的锡制品，如何在现代生活中让锡雕重新焕发出生命力，郑天泗一直想不到出路。

而遇见这些精美的作品后，郑天泗受到启发，原来普通的生活用品还可以做成那么精美的工艺品，甚至是艺术品。如果能够把艺术跟生活结合，那就更完美了。接下来的日子里，郑天泗不再去打零工，而是每天在家苦心钻研，除了上网查阅各种资料，就是反复揣摩各种优秀作品，研究其中的技艺，开始在原有的传统技艺基础上结合现代设计理念，将创作范围由宗教礼器、生活用品拓展到工艺品。

一天，他坐在木桌旁画图纸，看到院子里一株生长在石头缝里的竹子，苍劲葱翠。他忽然得到灵感，跟庄亚新商量说："植物类作品比较好入手，要不就尝试做一株竹子吧？"

庄亚新连连点头，两人马上着手相关工作。

庄亚新建议说："这竹子，应该就要模仿真实的竹子，空心地敲起来的；这个芽，我们直接用电烙铁拉起来，刚好有那种皱皱的感觉。"

"嗯嗯！"郑天泗表示非常赞同。

说起来容易，做起来难。怎么表现出石头那种锋利坚硬的感觉，什么材质才适合？工艺要怎么表现呢？每一种艺术表现的工艺都不一样，以前师傅只教过敲片，他们只能自己想了。夫妻二人陷入苦思。

这天郑天泗在工作室又尝试敲打了一片竹子底座，然而效果还是很不满意。为了达到逼真的效果，他和妻子已经尝试了不下30多种方式来呈现石头的质感，实在是太难了。身边熟识的锡匠们也从未尝试过这类做法，所有人对此一筹莫展。他有些沮丧地把工具收进桌案的抽屉，却突然看见了自己当初学习雕塑时创作的一个小小的作品——郑成功塑像。

他还记得当初在课堂上，他创作出这个小雕塑后，当时的老师十分赞赏，在同学面前表扬了他。他忽然想到，何不听听老师的意见呢？

想到这里，郑天泗马上骑着摩托车直奔老师家。从前，这辆老旧的摩托车载着他和沉重的煤气罐，令人感觉不堪重负，有气无力，像一位患哮喘病的蹒跚老人。而今天，这位"哮喘病人"似乎也变得轻快起来，像忽然生出一对翅膀，载着郑天泗轻快地往前飞奔，耳畔是呼呼的风声。

到达老师家后，两人直奔主题，老师把近几年来在雕塑方面的研究成果大致跟郑天泗讲述了一番，郑天泗如饥似渴地聆听着，恨不得每一个字都印在脑子里。在探讨完如何改良锡材料以更好地实现造型后，老师告诉郑天泗，曾经在泉州闽台缘博物馆看到过锡雕大师陈万能的锡雕作品《居家和乐》的有关资料。郑天泗听完，惊喜万分，恨不得马上回到家，和妻子一起直奔火车站，去泉州闽台缘博物馆亲眼看一看陈万能大师的这部本锡雕作品《居家和乐》。

第一件工艺作品竹子（郑天泗供图）

老师看出了他的心思，便没有多留他，只是又再三叮嘱了一些创作方面的注意事项，以及鼓励他进行材料方面的改造。

郑天泗一回到家就迫不及待地拉着庄亚新奔赴火车站，买了票就径直前往闽台缘博物馆。好在厦门和泉州很近，仅有一个多小时的车程，他们到闽台缘博物馆说明来意后，管理人员带他们看到了这本他们梦寐以求的宝贝。郑天泗和妻子如饥似渴地认真研读《居家和乐》的所有资料，一边研究一边做笔记。

回家后，两人根据所看到的资料，结合自己的思考，一边做一边不断摸索，锤子敲打的声音像一支欢快奋进的进行曲，正如两人的心情。

前后用了两个月，他们制作的第一件工艺品——一丛长在石头缝里的竹子终于完成了。这件作品是他们从传统锡器具升级为工艺品的第一件作品，意义非凡。夫妻二人想了很久，最终给它取名叫"节节高升"，希望他们的锡雕事业能象它一样节节高升。

《节节高升》获得成功，所有见过的人都十分赞赏。两人更是坚定了要在这条路上继续探索的信心，从动物到人物，一步一步地提升。

经过潜心钻研、用心揣摩，一件件精美绝伦、富有现代气息的锡雕作品在郑天泗夫妇手中诞生，并获得多项荣誉。比如他们的锡雕作品《长寿瓶》摘取了中国工艺美术百花奖铜奖，《富贵吉祥》获得中化工艺优秀作品奖银奖，《喜鹊登枝》在福建省非遗博览苑中展览。

在澳门世界闽南文化节上，郑天泗夫妇创作的《浑仪》《宋江阵》等锡雕纪念品，惊艳全场。同安锡雕也因此名声鹊起。

新闻媒体闻风而至，一时间，郑天泗夫妇竟已成为当地的名人，成为了同安锡雕的代言人。

虽然频频获奖，但是栩栩如生的锡雕作品并不受市场青睐。加上郑天泗夫妇两年时间一直闭门潜心研究创作锡雕工艺品，生活一度很拮据。

就在这个时候，之前送煤气罐时留下联系方式的那位客座教授找上门来，原来他是一位银行家。他从郑天泗那里买了许多锡雕作品，并慷慨地借给他们十万元，用来研发产品和继续参加展会。郑天泗夫妇感激万分。那位银行家说，他就是看中了郑天泗为人忠厚老实，对锡雕又那么执着热爱，所以鼓励他们一直坚持不要放弃。

"政府也一直在支持我们，从宣传、参展等各方面给了很多支持。"

转机出现在2013年。在当年的佛事展上，郑天泗夫妇订了一个标准摊位，他们展出了很多锡灯香炉，却无人问津，反而是一款按金小蜗牛香插备受关注及喜爱，一下子就卖了两万多元，现场存货全都卖光，还接了三万多元的订单。他们设计并制作的这只按金小蜗牛香插瞬间走红，引发人们争相购买。

真是柳暗花明又一村！

庄亚新笑称，这只小蜗牛是他们的"幸运蜗牛"，因为那只蜗牛，他们夫妇才走上创新创意的道路，他们的锡雕作品从此开始与工艺品市场，与人们当下的生活更加紧密地接轨。

按金小蜗牛香插（郑天泗供图）

紧接着，在第六届海峡两岸文博会上，他们又设计了一款小荷叶杯垫，也取得了巨大的成功。闽南地区茶文化氛围浓厚，人们不仅喜爱饮茶，对茶器也十分喜爱。所以，郑天泗夫妇结合当地特色，用锡做了大批跟香道、茶道、花道有关的创意产品。

"这个荷叶杯垫看上去很可爱，然而制作过程一点都不简单，工艺十分繁琐，每件作品基本上都得经过十几道工序才能完成。首先需要用煤气灶把锡块溶成小块，然后用石墨雕刻模具，做周边小配件。然后再做一个板，先敲再做，这叫压板，茶漏、杯垫等大一些的配件只能用敲的技法。"庄亚新一边介绍，一边用手比划着。

在新产品的制作过程中，他们遇到一个困惑：传统的技艺只能做半面的配件，没办法像机器或钢模那样一体化成形。然而郑天泗夫妇还是坚持传统的手工做法，配件先敲形做成半成品，再打凿出叶脉，然后再拗形。由于工艺十分复杂，所以需要一直练一直练，尤其连接点的地方，力道要控制好，不然打下去，交叉在一起就会显得不自然，不像叶脉了。

"手工制作的产品跟外面机器做的相比，就算是普通人看了，也能明显分辨出来，因为机器是没办法压出那么细致的纹路来的，不像手工做的那样有生命力。"郑天泗认真地说。

由于他们设计的产品造型别致，生动可爱，颇受文人和年轻人的追捧，在市场上十分畅销。郑天泗夫妇十分开心，多年来的坚持和努力终于得到了回报。

此后，郑天泗夫妇的创意锡雕作品受到越来越多顾客的喜欢，甚至有一些老客户，经常请郑天泗夫妇帮忙定制一些产品。比如，庄亚新就根据客户的需求定制了一款锡雕发簪，造

锡雕创意杯垫（郑天泗供图）

型精美，别出心裁。心灵手巧的她就在此基础上，不断地研发出锡制的系列饰品，比如毛衣链、手镯、胸针等，受到很多女性的喜爱。

成为非遗传承人后，郑天泗夫妇除了自己加强研发之外，更加注重传承锡雕工艺。他们设立了传习中心，经常开展锡雕进校园、进社区等活动，还积极参与福州大学厦门工艺美院的研培计划。此外，他们鼓励身边的人学习锡雕，农闲时节，同乡的兄弟姐妹们有空都会来学习体验。在他们的工作室，有许多女性在学习制作锡雕。

"她们都很喜欢，她们原本都是在家干农活的，现在做锡雕除了是兴趣爱好之外，还能挣钱补贴家用。"庄亚新说道。

虽然守艺道上有坎坷，但是作为同安传统锡雕技艺的传承人，郑天泗夫妇不为一时之利而忘记初心。

"我为我们的品牌起名叫作'银敲'，就是要时时刻刻叮咛自己，一定要靠双手一点一点敲打，坚持手工制作，才能把锡雕这个传统技艺传承下去。"

"天泗，你看身边在外地打工的同龄人，身家百万以上、千万以上的有很多，多得像大米，但是有锡雕这种技艺的却很少，我们一定要守住自己的这颗初心，才能一直坚守这门技艺，不然它或许慢慢就没了。"庄亚新鼓励自己的丈夫。

郑天泗十分认同，他心里明白妻子对自己的提醒和鼓励，更坚定了自己未来的方向。他明白，从技艺层次方面来讲，他们要尽量保留老祖宗传承下来的手艺，甚至要去超越他们；另一方面，就是对工匠精神的坚守，尤其在物欲横流的今天，人心比较浮躁，很难沉下心来去打磨、坚持一件事情。作为一名锡雕匠，要像先辈一样耐得住寂寞，受得了孤独，不能太过于追求经济效益，如果一味地追逐经济效益，有的作品就很难做到自己满意。

锡雕传习中心（郑天泗供图）

现在，郑天泗夫妇正依托厦门市同安传统锡雕技艺传习中心，吸收有心学习的传承人并倾囊相授，希望这门古老的技艺能够得到发扬光大。夫妇俩还创办了同安传统锡雕技艺传习中心，该中心以非遗文化的保护、传承、发扬为宗旨，定期对外开放，欢迎人们来参观、体验手工制作，也可购买喜欢的手工锡雕作品。该中心可与学校、培训机构、旅游团等社团合作进行研学活动，一次性可容纳约25人来进行现场授课和动手实践。同时借助网络推广，通过微信、大众点评等平台让来厦门旅游的人们更加便捷地搜索到该中心，打造一个有地方特色的文化场所。

这一辈子，这对质朴的夫妻认定了锡雕，就决心坚守这个行业，把它做到极致。

TIPS：

【锡雕传习中心】
联系人：郑天泗
电话：13860103580
位置：福建省厦门市同安区祥平街道祥桥社区莲湖里12号

游心

出入六合，游乎九州，独往独来，是谓独有。
——《庄子·外篇·在宥》

惟石能言

【李亚华】

人物简介：李亚华，汉族，泉州市惠安县人，1967年10月出生，国家级非物质文化遗产项目惠安石雕（惠和影雕）第三批省级代表性传承人。

人物感言：人们常说"柔情似水，坚如磐石"，石头很坚硬，水很柔软，但一滴滴水对准一块石头，靠着执着的追求和锲而不舍的精神，日复一日，年复一年地滴下去，就可以造就出滴水穿石的神奇！这正是我们惠和石文化的内在精神。

相关链接：【惠安石雕（惠和影雕）】惠安石雕是以惠安、泉州地区盛产的硬质青石、花岗石为主要原材料的传统雕刻艺术，其源于黄河流域的中原文化，后融入了闽越文化和外来文化，成品多用于建筑装饰，是我国南派石雕艺术的代表，主要流传于泉州市惠安县等地，后流传于福州、厦门、台湾等地。在国内，它与曲阳石雕齐名，"南有惠安，北有曲阳"之说在石雕界广为流传。惠安石雕工艺源于黄河流域的中原文化，其工艺俗称"打巧"，其工艺流程概括为捏、镂、摘、雕四道工序，具有浓郁的民族性和鲜明的时代性，形成过程中又汲取了闽越文化及"海上丝绸之路"传入的泊来文化，与建筑艺术相生相伴，逐渐形成了独特的艺术风格，成为南派石雕艺术的代表。惠安石雕的品类有碑石加工、园林雕塑、建筑构件、工艺雕刻、实用器皿五大系列，工艺主要有圆雕、浮雕、线雕、沉雕、影雕五类，主要

用于宫观寺庙、神佛雕像、墓葬、城市雕塑、家具等，多以实用为基础。

　　惠和影雕的特点在于将绘画艺术融入石雕工艺技法，每幅影雕作品都需要经过上亿次的敲凿，犹如"滴水穿石"一般。对腕力、眼力、专注力要求极高，没有专注和坚韧的个性品质就难以完成。其难点在于颜色深浅的体现，这全依赖艺术家手里这根重达一公斤的凿针，力度不同，会产生黑白色的深浅。影雕不怕风吹雨淋，不褪色不变形，被誉为"永恒"的艺术，展现了滴水穿石的工匠精神。

城市之光

"俗话说，'苏州刺绣绣丝绸，闽南刺绣绣石头'，闽南影雕是以黑胆石板为画布，以钢针为画笔，通过手中的小钢针在石头上不断地打凿，通过明暗对比成画……"在位于厦门市湖里区忠仑公园内的惠和石文化园，一位头发齐肩，穿着剪裁合体连衣裙的女士在为来访的国内外嘉宾介绍，她笑容洋溢的脸庞上，架着一副黑框眼镜，眼镜背后乌黑明亮的眼睛里透着坚毅和沉着。

来到一张珍贵的巨大图片前，她从容且熟练地为大家介绍："2017年金砖会议厦门会晤的时候，惠和影雕项目有幸入选非物质文化遗产展，成为其中一个展示项目。这就是当天现场拍摄的图片……"

在图片中，中俄两国元首近距离地观摩李亚华和她的徒弟现场制作影雕，只见她们穿着惠安女的传统服饰，上身是湖蓝色斜襟短衫，下身为宽大黑裤，还披着蓝色的头巾，头巾上有小朵的白色花，紧紧地捂住双颊，只露出眼睛和鼻子，十分富有特色，这套传统的惠安女服装被戏称为"封建头、民主肚、节约衫、浪费裤"。惠安女的这种传统服饰不仅美观，而且实用，款裤便于涉海，打湿易干；短衫便于劳作；花头巾可御风沙，是中国传统服饰精华的一部分。

"当晚有四个福建非物质文化遗产项目展示，包括惠安影雕、厦门漆线雕、莆田木雕、福建漆艺，我是第一个展示的。"李亚华介绍说，"其实当时我特别紧张，领导们在参观的时候，我一句话都不敢说，就是低着头敲打立在面前的石头。当领导们走到其他展位的时候，我悄悄问一位随行人员，是否可以向普京总统赠送一张自己为他制作的画像。万万没想到，我这个请求居然获得了批准。于是我就赶紧跑上前去，将我们连夜用惠和影雕技术赶制的普京总统画像交给了他。"李亚华的声音略带激动，眼睛里泛着亮晶晶的光芒。

如李亚华所言，2017年9月，金砖国家领导人第九次会晤在厦门举行。从白鹭栖息的渔村到现代化国际化都市，厦门正是中国发展的缩影。闽南文化内涵丰富、底蕴深厚，其开放性、开拓性和包容性的海洋性特征，是厦门经济飞速发展的不竭动力，也是加强"海上丝绸之路"沿线国家文化交流合作的重要资源。

为了讲好"中国故事""闽南故事"，市金砖筹备办想方设法挖掘闽南丰富的文化内涵，搭建各种平台，积极创造各种机会，让艺术家和非遗传承人们向中外来宾展示当地文化。不管是欢迎晚会上惊艳四座的南音表演，现场布置的各类书画作品，还是富有闽南特色的国宾礼，无一不向全世界展示着闽南文化的风采，传递着中华优秀传统文化的魅力。在筼筜书院举行的闽南非物质文化遗产展被列入"中俄双边会谈"重要配套活动。

会谈结束后，来宾们饶有兴致地观赏了福建非物质文化遗产展。而当晚被普京总统盛赞"美人刻美女"的惠安女子将连夜赶制的普京总统画像亲手交给了他。一经报道，瞬间引爆媒体，被网友戏称为"站在普京身边的女人"。她，就是惠和石文化园的董事长李亚华。

自此后，在鹭岛厦门，提起李亚华和她一手创办的惠和石文化园，可以说无人不知、无人不晓。

这位传奇的女子，来自惠安。惠安女被称为嫁给石头和大海的女人，自古以勤劳、温良、孝顺呼应着传统文化期待，以吃苦耐劳闻名于世。男人们出海打渔或出外谋生时，惠安女就成了建设家园的主力军，她们善家务、多才艺，不论下海、耕田、开公路、修水利、锯木、扛石头、拉板车，还是雕石、织网、裁衣和经商做买卖、敬公婆、教子女，不分粗活、重活、细活，事事能干、样样出色。

从采石场到作坊，材料多半是由女人用肩膀抬出的。经常可以看到面容姣好的惠安女子在抬石头，炎炎烈日之下，惠安女们或二人或四人搭伙，一根粗而短的竹杠下边套着硕大粗砺的花岗岩石条，每条重数百斤，结结实实地压在了这些海的女儿柔嫩的双肩之上。她们就这样抬着一条条沉重巨大的石块，艰难前行，一路微喘轻叹，被烈日暴晒得通红的脸庞上挂着汗珠，此景此情，让人怜惜，让人震撼。正是在这样的文化熏陶下，李亚华拥有了如大海般勇敢和石头般坚毅的性格，再加上她内心对石雕的热爱支撑着她一步步将事业做大做强。

这位勤劳勇敢的惠安女怀揣着"石头梦"，从家乡惠安走到厦门；再从厦门一个巷子里的小作坊，走到惠和石文化园，成为上市公司董事长；她一手将厦门惠和石文化园打造为国家AAA级旅游景区、福建省非物质文化遗产生产性保护示范基地，成为厦门城市文旅的一张名片；她个人更是获得了福建省"十佳创业女标兵"、福建省民间工艺大师等，各种殊荣数不胜数。

很多人很好奇她的传奇人生。到底是什么，造就了她非凡的一生？使得过去传统观念里苦哈哈的打石匠，变成了今天站在世界舞台的耀眼明星。

事后交流起来，李亚华跟我说，她当时其实特别紧张。"当天的安检特别严格，我们敲打石板所需要的凿针被临时检查收走了，给我紧张坏了！万一没有工具，我们就没办法演示了。幸好啊！我们筹备办的同志们非常负责任，他们努力地帮忙协调解决，最后我们又申请重新带了一套工具带进去。"说完，她不断地表达着对于大家的感恩之情。

当时，我参与了非遗展的全过程工作。有一件事让我印象十分深刻，还记得当时参展的作品都是从各地遴选来的非常珍贵的艺术品，部分展品价值不菲。出于安全考虑，每天彩排完都需要将全部展品收到柜子里，第二天再重新布展。所以，彩排阶段经常需要提前好几个钟头到箦笪书院的户外走廊进行准备。其时，天气已经非常炎热。李亚华每次都提前到场，听候工作安排，很多时候还卷起袖子帮着搬动展架和展品。休息的时候就静静地坐在走廊的石阶上等候下一步工作安排，始终面带笑容。很难想象，这是一位上市公司的董事长，一位成功的女企业家。

在从小"苦惯了"的李亚华眼中，只要能有展示的机会，她就愿意付出全部的努力，燃烧全部的激情。

她的字典里，从没有"放弃"两个字。

琢之磨之

以厦、漳、泉为主的闽南地区，自古以来是福建的富庶之地，北边的崇山不仅挡住了寒流，也隔绝了古代很多战乱纷争；东边辽阔的大海连接着我们的宝岛台湾，及至东南亚诸岛国。沿着海岸线一直往东，有座惠安城，这里的先民们自古靠海吃海，一张张渔网倾诉着对大海的向往，表达着对大自然的敬畏之心。

惠安自古便是石雕之乡，石雕历史悠久，源远流长，遍地都是石雕工厂和作坊，有"世界石雕之都"和"中国民间艺术（雕刻）之乡"等美誉。惠安石雕工艺源于黄河流域的中原文化，形成过程中又汲取了闽越文化及沿"海上丝绸之路"传入的外来文化，与建筑艺术相生相伴，分圆雕、浮雕、沉雕、影雕等，2006年被列入首批国家级非遗名录。

这位传奇的惠安女就从家乡的小城走到厦门，并以厦门为原点，走向世界。

"你知道吗？以前父亲是不让我学石雕的。"李亚华捂嘴咯咯笑道。

李亚华的父亲是当地很有名气的匠师，也是闽南石雕的石刻圣手、南派石雕的代表人物，被当地人尊称为"石头李"。作为石匠的女儿，李亚华从小就在父亲"叮当、叮当"的敲打声中长大，感受着父亲的超高手艺带给家庭的荣誉。

"我母亲34岁才生我，特别晚。在这之前我奶奶已经抱养了一个哥哥，然后生我，接着生一个妹妹，再后来，又抱养了一个弟弟。从小，我眼睛里看到的，耳朵听到的都是，他们为了没有生育一个男孩子而羞愧，觉得这辈子就抬不起头来，在这种潜移默化的影响中，我就特别想说，我就是那个男孩。"

从小到大，李亚华就在周遭盼望儿子的声音中长大，在这种氛围下，她的骨子里更多了份要强和倔强。打小，她就是个要强的"野丫头"，喜欢撒"野"，在石头堆里转来转去，每次都浑身沾满石粉回家。看着她像小花猫一样的脸，母亲又好气又好笑，每次都会温柔地帮她梳洗干净。

她喜欢看父亲雕刻石头，还非常喜欢听老手艺人讲石头的传说。看着一块块黑黑的、普通的石头，在父亲手里变魔术一般化为楼宇、飞禽走兽、神话人物、杯盏……觉得十分神奇。敲打石头那种单调而富有节奏的"叮当"声，在她看来，就像一首歌谣，伴随着她整个童年的时光。

然而，按照当地的传统风俗，石头是属于男人的世界，只有男人才能端这个"石饭碗"。

"父亲属于观念比较传统的人，一开始，并不愿意将技艺传授给我。我不服啊！为了表达对父亲的不满，我常常是一身男孩子打扮，把父亲气得够呛。"李亚华说话的时候把眼神投向窗外，嘴巴微微抿着，似乎在回忆儿时的场景。

但她父亲却从没松过口，死活不愿让她学习，宁可让"石头李"的技艺失传也在所不惜。父亲希望她能够跟其他女孩子一样，早点嫁人生子，踏实安稳地生活。可是倔强的李亚华并没认命，她把头发剪短，混在小石匠里偷偷学艺，可父亲每次看到后就会把她赶走。眼看学艺无望，不服输的李亚华不想再继续留在家乡，干脆跑去学开卡车，决意在外闯荡出一片天。

"那个时候，我们家乡流行一句话，第一杀猪，第二司机，当时司机很牛啊。"李亚华听了朋友的介绍，便下定决心到惠安城里学开车。

在那个年代，卡车司机是很吃香的，女司机更是凤毛麟角。在李亚华学开卡车的班里，一共有108个人，这其中只有五个女生。凭着一股不怕吃苦的劲头，她顺利结业，并直接应聘到一家国营企业当司机兼秘书。由于作风干练，她得到了公司上下的一致肯定及好评，工作和生活开始有了新的盼头。

然而，她始终没有放弃儿时的梦想，一直苦苦寻找机会继续自己的石头梦。赏识她的总经理在知道她家的事情后，开始帮她分析，一个女人并不能把开车当成一辈子的事业，应该想办法去说服父亲，把家族的事业做大做强。总经理甚至亲自去劝李亚华的父亲，做他的思想工作。

"总经理跟我父亲说，小李子特别有灵气，你应该把她当男孩子看，在你眼里面也要像儿子一样看待她，我父亲好像这一次听进去了。"她微微一笑。

父亲真的听进去了，开始正式教李亚华学习影雕，她的命运就此改变。在学艺的过程中，父亲对李亚华要求十分严厉，有一天，父亲回家的时候看到李亚华没有认真学雕刻，顺手拿起一个石狮子就砸了过去。

"一个小石狮子有十几斤重，他看见我在那儿，跨过门随手从那边拿过来，就要往我头上砸。幸好我妈在旁边看到，赶紧把我后面的衣服拽一下子，那个石狮子就掉在我旁边了。"她回忆起来仍感到后怕。"不经一番寒彻骨，哪得梅花扑鼻香"。在父亲严苛的教学下，经历一番勤学苦练，李亚华终于掌握了影雕的雕刻技艺，开始在父亲的工厂帮忙，正式开始了她的石头梦。

随着市场经济浪潮的冲击，传统工艺日渐式微，惠安的石雕行业遭遇寒冬，数量庞大的石头加工厂竞争异常激烈，石匠们辛苦劳作却只能换来微薄的收入。李亚华父亲所在的工厂也经不住冲击，甚至连工人的工资都发不出来。父亲为了支撑家庭生活，也为了圆自己能有一方天地挥洒石雕技艺的梦想，几经抉择，作出艰难的决定，毅然离开工厂，举家迁往厦门，在莲坂开了一间小小的墓刻店，用最古老、精华的技艺生产最传统的产品，维持着最基本的生存。

那时候，一家人就在小巷子里做石雕，每天天还没亮，勤劳的父亲就开始忙活起来，悠长的小巷深处传来"叮当、叮当"的声音，这声音唤醒了一天的黎明。周围的居民都知道这里有一家做石雕的作坊，渐渐地，这家店和李氏父女的名气越来越大。

李亚华既懂经营又懂技术，很快成为父亲工厂里的得力助手。一次，她跟着客户到四川考察，看到西南派石雕师父做的一批大理石观音像，觉得很有市场前景。于是，在没跟父亲商量的前提下，擅自做主，把这批大理石观音像全部买回厦门。

"东南亚这一块的华侨对这种佛像啊、雕刻啊，都有非常深刻的感情，都会买了运到外面。这批观音像刚运回来，就被一个前来参观的东南亚客人全部买走了。"一经转手，李亚华净赚了将近20万元。

20世纪80年代的20万元，对许多人来说，都是一个天文数字，想都不敢想。这次成功交易为李亚华增添了许多信心，也改变了父亲对他的看法，非常赞同她的想法，说她还挺有生意脑袋和经营思想。

李亚华进而提出，她不但要卖产品，还要把外地的的石雕师傅也引进来，那么，父亲会不会更高兴呢？

恰恰相反，父亲震怒了！

"父亲一直以来认为闽南派的、惠安的石雕就是最棒的。但我走出去看到，确实各个派系都有它各自的特点，我们南派是比较细腻，但北派、西南派，以及现在的山东曲阜石雕都有一定的特色。"她一字一句地缓缓说道。

中国的石雕分为南派和北派，派系沿袭的观念就像"传男不传女"的思想一样，深深地影响着老一辈石雕艺人。在李亚华父亲看来，闽南派的石雕是南派石雕艺术的代表，占据了中国石雕艺术的半壁江山。李亚华不但要引进北派石雕工匠，还要学习北派技艺，简直就是"大逆不道，叛祖离宗"！

一气之下，父亲命令李亚华离开石雕厂。李亚华没想到因为理念上的分歧，竟然和父亲发展到水火不容的程度，她的内心非常痛苦。

"我做了一些点心什么，让厂里的人给他送过去，听说把我的全部东西都扔到马路边。东西全都扔出来，点心也不吃，那个时候，我哭了，足足三天没吃饭，有时候想一想，我也是在惩罚自己。"

父女俩性格都特别要强，这一次，李亚华违背了父亲的心愿，没有顺从，而是选择了反抗。骨子里不认输、好强的性格，使得李亚华想坚持自己在商业上的想法。于是，李亚华以极快的速度在父亲石雕厂正对面的空地上，开出了另外一家石雕厂，并取名"惠和"，她另立山头了。

之所以取这个"和"字，是因为她认为不管跟父亲闹得多么厉害，还是想以和为贵，商业上的分歧始终剪不断骨子里的血脉。

刚开始创办公司的时候十分艰辛，她买了一部旧货车，自己到矿山运石头，每天来回拉石头累得筋疲力尽。她就在车里给自己泡一杯浓茶解乏，有时开车实在很困，眼皮打架，就赶紧在路边找个僻静场所先睡上一会儿，再继续赶路。那时候，牛仔裤和T恤衫就是她整年的装扮，她每天骑着摩托来往穿梭于客户商家之间，每天风风火火，更像个男孩子。白天运石头、跑客户，晚上就在工作室创作各种石雕作品。虽然辛苦，但是追求事业的快乐始终伴随着她。

滴水穿石般的坚持，终于迎来了新的契机。一次偶然的机会，市政府有关部门领导在下基层调研的时候，关注到这家小小的石头作坊。在现场考察调研并聆听了李亚华的介绍后，觉得石文化内涵值得深入挖掘，这个项目大有可为。于是，经过多方努力，李亚华及她的"惠和"石雕在湖里区忠仑公园安了家。忠仑公园位于厦门岛内核心地段，风景优美宜人，能在这个地方打造一个属于自己的"石头王国"，李业华做梦都没想到。这个在忠安当地遍地都是的石雕工艺，在厦门这块宝地拥有了绝好的发展平台和机遇。

不得不说，李亚华在商业上的嗅觉是很敏锐的，且极具开拓创新精神。在她多年的精心培育下，惠和已成为响亮的金字招牌。脑袋瓜子灵活的她，又开始思考，再继续走传统的道路肯定不行了，必须走出一条属于自己的、富有特色的路来。恰逢国家大力发展文化产业，她敏锐地感觉到，石头是有灵性的、会讲故事的，石头绝不应该仅仅作为工艺品，它应该成为艺术品，走进人们的生活中，甚至走进人们心里。她意识到应该充分挖掘石文化的内涵，走出一条石文化创意产业之路。

玉汝于成

岁月失语，惟石能言。

在传统文化中，女娲炼石补天，石头里蹦出了孙悟空，《红楼梦》里有关于通灵宝玉的传说……可以说，从人类钻木取火、用石头做工具开始，石头便与人类结下了不解之缘，伴随着人类的整个文明进程，宗教、文学、民俗、神话传说，到处都有石头的身影。人们从最初把石头作为工具，崇拜石头，到后来逐渐演化出赏石文化，《诗经·齐风》中说："尚之以琼华乎而，尚之以琼莹乎而。"琼华、琼莹都是指美石，讲述了齐国新娘出嫁，要在婚礼上赠送新郎美石为信物。秦国士子交往讲究"投我以木瓜，报之以琼瑶"。琼瑶也是美石，已作为士子之间的礼品。《诗经·栖舟》中说："我心匪石，不可转也，我心匪席，不可卷也。"以石托物明志。

《说文解字》里说："石之美者有五德。润泽以温，仁之方也；鳃理自外，可以知中，义之方也；其声舒扬，专以远闻，智之方也；不挠不折，勇之方也；锐廉而不忮，洁之方也。"故而，玉又代表了君子的美德。

"石文化真是浩瀚无边，我觉得石头在地底下埋了千年万年，而今得以重见天日，应该把它们的美和精神挖掘、展示出来。"李亚华说。

厦门文创产业的蓬勃发展，为李亚华的"石头"带来了全新的契机。她不仅坚守着影雕的艺术传统，还不断创新，为之注入新的生命力。对于如何振兴影雕这一门传统技艺，李亚华提出了"匠而不匠"的理念和发展思路。

在深入研究和精心设计的基础上，石博物馆得以呈现在世人面前。在她位于忠仑公园的园区内，每天游人如织，大家在讲解员的带领下穿越石文化长廊，观赏石博物馆里各种技艺精美的石雕作品，领略着中国石文化的博大精深。在主展厅，陈列着从世界各地收集来的各式各样精美的石工艺品，以及以石头为元素的衍生品。她坚持对影雕进行艺术化升华、生活化运用和产业化运营，经过近30年的探索和运营，已成为影雕产业的龙头企业和创新引领者。在石文化园的展览厅里，陈列着印有厦门风光、海豚和钢琴的各类镇尺、杯垫、摆件等，并且为游客提供人性化的礼品定制服务，备受欢迎。此外，游客还可以欣赏惠安女歌舞表演，亲自体验制作影雕作品，这一系列活动深受游客喜爱。

她一直引领创新，不仅仅希望能够传承祖辈精湛技艺，还希望弘扬石艺文化，把石雕文化产业做大做强。从最初的石雕工厂，到后来把石雕工厂缩小变成石雕商品店，再到现在的艺术雕塑、园林景观、展陈工程、古建修缮、建筑石材幕墙、园林景观雕塑设计等工程业务，以及惠和石文化园、石文化旅游、特色旅游商品等，一直以来都是围绕石雕文化产业展开。厦门市政府大厅的墙面浮雕、市文化艺术中心科技馆和博物馆的外墙，以及许许多多公共场所的石雕，都出自于惠和影雕之手。

"惠和如果有别人值得借鉴的经验的话，应该是创新的意识吧。"李亚华一直坚持着"人无我有，人有我优，人优我转"的思路，一切围绕着市场发展的需求来运作。在长年的探索和实践后，她认为，让传统技艺产生价值是对其最好的保护，传统工艺只有跟百姓的生活结合，只有跟市场结合，才有活路。除了弘扬传统的石艺文化，还要不断创新发展，适应市场的需求，唯有如此才能真正具有市场竞争能力。

为了提升影雕的文化内涵，她与高校开展合作，尝试打造产学研一体化平台机制；用开放的眼光，广纳贤才，与新锐设计师、艺术家们合作，通过引进现代艺术共融发展，提高手艺人的艺术境界和社会地位；她还坚持创新性发展和创造性转化，充分利用中央美院等大陆顶级艺术设计资源和台湾地区文创力量，与各类文创机构合作，甚至创建基地专心研发，提升影雕的艺术价值和实用价值，让影雕重新走进人们的生活，让工匠精神深入人心。功夫不负有心人，在投入了大量的时间和精力后，惠和逐步形成了独特的艺术创作风格和丰富的石雕文化内涵，走出了一条可持续发展的石文化创意之路。

此外，她还在区政府指导下，开辟了一条石文化长廊，以女娲炼石补天的神话传说为开始，以图文并茂的形式讲述史前至明清时期中国几千年来的石文化发展历程，还将历史文化名人、廉政文化和家风文化融入其中。金砖盛会后，许多国外参访团和外地游客更是慕名前来，共享"石文化大餐"，许多国家邀请她到当地进行展览，她将石文化传播到了祖国各地乃至全世界。

李亚华在影雕这一传统技艺的传承中，所进行的坚守、探索和创新，或许可以为中国振兴传统工艺提供一条可借鉴的道路。然而她此时心心念念的就是怎么把这项传统手工艺更好地传承发扬下去。

影雕是个纯手工艺活，需要吃苦才行，一件好的石雕作品，后面是粉尘和噪音，需要极强的忍耐力和专注力。在惠安那种环境中，匠人们从小开始学艺，手中就凭着一个凿子和一块石头，日积月累，滴水穿石，才磨炼出这门传统手工艺活。因为点很细，可能需要上亿次的打凿才能成画，眼睛要一直盯着聚焦点，非常容易损伤，所以从事影雕的黄金年龄段是17岁到25岁，30岁以后就没法做了，只能转做影雕师傅。而石雕行业存在的几个问题十分让李亚华忧心：一是现在的匠师文化水平不高，缺乏与时俱进的艺术审美眼光；二是现在的年轻人吃不了苦，不大愿意从事这个行业，在技艺的传承和发展上，存在不小的困难。同其他手艺活一样，影雕技艺也面临着快速发展的现代社会的冲击。

"石雕是一门手艺活，培养接班人是石雕行业可持续发展的关键。"她顿了顿，继而说道，"我不做，谁来做呢？"在获评福建省省级非物质文化遗产传承人后，李亚华感觉身上的责任更重了，关于石雕工艺的传承与发展有了更进一步的思考。她深谙市场运营之道，更懂得坚守和创新的力量。她不仅把在国外念书的儿子召唤回国，继承这门传统手艺。还带领着一批匠人，走进高校传徒授课，走进社区与居民进行互动，走进文博会、贸洽会等各类展会，利用一切可能的场所和平台进行石文化的宣传。有时候，宁愿贴钱她也要参加，只为了向世界更好地展示这项非遗项目，展示闽南影雕。

"我有一个愿望，就是办一所专业学校，更好地传承石雕这门手艺。我们可以从素描、手绘等美术功底开始教孩子，让他们能够学习石雕工艺、美学鉴赏等系统理论，慢慢修成一门正式的传统技术，给他们颁发学业认可证书。这不仅对石雕行业的发展和传承是一大贡献，也为社会培养了专业人才。"李亚华望着窗外，悠长地说。

精美的器具所承载的，是中华民族的精神，以及价值取向。而石文化中所蕴含的"滴水穿石"的精神，石雕和影雕这门技艺所呈现的工匠精神，是我们这个时代最为需要的宝贵财富。她是一名闽南的女儿，对闽南文化十分热爱，十分注重深入挖掘闽南石雕技艺的"活文化"，积极参与到闽南文化生态保护实验区建设工作中，助力推动闽南文化保护、传承、科普教育与创新发展。作为非遗项目中市场化运作较为成功的传承人之一，她也时刻关心着其他非遗项目的发展情况。她创新性地尝试将厦门各种非遗项目引进园区，为大家提供平台，共同打造一个非遗展示展览和体验互动的空间。许多非遗项目传承人都积极参与其中，许多场非遗年会和大型非遗类会议都是在她的园区举办，她热心地免费为大家提供场地、茶水及各类服务。上百人的大会，她指挥着大家忙前忙后，像个邻家大姐姐一样周到地照顾着人家，令大家十分感动。

在国家全面实施传统文化传承发展工程后，她立即决定在园区新开辟一块区域，设立惠和书院，专门用来进行传统文化的展示和教学。

于是，就有了后续的磐雅苑以及惠和书院，里面引进了古琴、书法、插花、茶道、花道等各类传统雅艺的展示与教学。每到周末，家长们就带着孩子们来学习毛笔书法、学习古琴、聆听非遗讲座，并能够亲手体验传统手工艺制作。在家门口就能享受到专业的课程教学，周围的居民都十分受益。虽然公益类的培训赚不了太多钱，然而李亚华仍然十分开心地投入其中。她讲不出太多大道理，然而她始终觉得，她生于斯、长于斯，这片热土给了她太多厚爱，身在这一方土地，就该为它做些什么。

"我喜欢坐在窗边看着公园的景色，很宁静，很美。"在惠和这个绿植环绕的清幽之地，她像一尾自由的鱼，任思绪遨游。一天晚上，她照例在自己位于湖里区忠仑公园的工作室忙到很晚，一抬头，瞥见了窗外月色如水，一切都浸润在月光中，整个世界都浸润在月光中，忠仑公园的绿树和石雕都穿上了一件白色的薄纱，显得朦胧而静谧。温润莹白的月光，就那样从天际盈盈泄下，无私地笼罩着大地万物，明亮而不刺眼，十分静谧美好。她推开门，轻轻地沿着碎石块铺就的小径走到公园中心的水池边，水池中心立着一座惠女雕像，水里的月亮明晃晃的，伸手一碰，就荡漾开来，泛起一圈圈涟漪。

"父亲生病住院的时候，我一个人跑到医院，承担起了照顾重病父亲的责任。在临终的时候，他的意识有一点不是很清楚了，他甚至跟我母亲说，也不知道养女儿这么好，要不你再去抱养一个女儿。"李亚华露出了甜甜的笑。

　　"厦门是我的幸运宝地,正是这里的开放和包容,才给我们惠安传统的石雕工艺打开了通往世界的一扇窗。大家刚开始都是摸着石头过河的,而我是抱着'石头'走过来的。"李亚华幽默地说。

tips:
【惠和石文化园】
位置:福建省厦门市湖里区吕岭路忠仑公园内
营业时间:8:30-17:30

X星人

【苏晓东】

人物简介： 苏晓东，厦门人，思明区人大代表，厦门新格文创产业有限公司董事长、720文创孵化基金创办人、厦门市文化创意产业协会常务副理事长，厦门市第十一批拔尖人才、首批文化产业英才、"五个一"人才、香港大学杰出校友。作为厦门市文化产业的领军人物，对文化文创、数字创意、影视IP等新兴行业的发展作出突出贡献，在国内乃至国际上有一定影响力。

2006年获《城市画报》中国城市77新文化推手称号。2008年获得《销售与市场》、腾讯财经、全球品牌网联合颁发的中国本土最具有合作价值智业机构与咨询领军人物，其著作《720° 品牌管理》是中国市场最早具备完善系统的专业工具，被很多人称为"行业教科书"。2014年发起成立"720° 文化产业孵化器"专项基金，聚焦创意设计、时尚设计、文化教育领域，成功推出AKP岛群、菜市场博物馆等项目。2014年，主导"晓籽"系列产品获《经济观察报》和香港管理专业协会评选的"杰出营销、杰出创意设计双项奖"及"2014年度首届福建优秀创意文化产品"。2015年创办"晓学堂文化虫洞"，目前已拥有五家主题文化复合店。2016年起，发起"鼓浪屿国际艺术驻留"项目，至今已邀请10个国家、20组艺术家团体来到鼓浪屿，创作50余件涵盖音乐、装置、绘画、摄影、戏剧、多媒体影像等不同领域的艺术作品，举办多场展览、演出和配套活动等，进行多维度多层次的

国际文化艺术交流。2017年与著名导演宁浩的坏猴子影业合资组建"72变"电影IP公司，布局并实践文化IP的跨界运营。持续多年主导完成鼓浪屿多个新文旅品牌与文化规划项目，2021年为中山路指挥部策划打造"城记中山路"新型文化博物馆。目前正持续开展"城记中山路"系列文化空间的打造，并发起"X50新国潮联盟"，持续打造城市文化、数字艺术和城市更新融合的产业落地实践。2023年发起"诗屿歌·山海艺术节"与"山海跨界数字艺术内容中心"，将数字创意产业与城市更新、新文商旅产业融合发展。

人物感言： 在时代的缝隙里，让我们像水一样，自由而干净。

作为最早的开拓者之一，苏晓东在厦门文创界拥有着特殊的地位，甚至在某种程度上来说，"苏晓东"这个名字，和他多年来打造的新格、虫洞等品牌IP，在一定时期内已经成为厦门文化创意产业发展的一个重要标识。

认识十余载，他偶尔会"透露"给我，说自己是个"外星人"。我也会笑着用"他们那个星球"的语言回话："其实我也是外星人，我来自火星。"频道接通，他开始绘声绘色地跟我描述，他颇具绘画天赋的儿子，在某一天跟他说起自己来自外太空，甚至能够形象地用画笔画出外星球的样貌，言语之间略带自豪的神情。确实，在他的培养下，他儿子从小耳濡目染，也具有超强的想象力和艺术创造力。

误入地球的"外星人"苏晓东，就是一个难以被定义的人。他坚守传统，在鼓浪屿执着地苦苦支撑着岛上网红书店——虫洞，捍卫着纸质阅读的美好；他天马行空，会在鼓浪屿的花园里举办庭院音乐会，并郑重地举行一个仪式，种下一粒种子；他会在书店告诉别人，墙角的虫洞可以穿越时空；他深情浪漫，会驾驶着移动的"虫洞书店"巴士穿越多个城市，并数十载如一日，用实际行动表达着对鼓浪屿、对厦门这座城市的热爱。

岛上书店

"我的心是旷野的鸟，在你的眼睛里找到了它的天空。"踩着上个世纪的花砖，一踏进鼓浪屿虫洞书店，抬头便在屋顶最显眼处看到了这句泰戈尔的诗。

在《岛上书店》里，书店老板费克里在美丽的爱丽丝岛开的唯一一间书店——小岛书店，成了凝聚一座小岛的关键所在。在现实中，虫洞书店也是展示鼓浪屿在地文化的窗口，为这座美丽的钢琴之岛守护住一脉书香。

位于鼓浪屿的虫洞书店总共有三层，总面积932.8平方米，开在鼓浪屿十大别墅之首的海天堂构。这是一个书店，更是一个提供文化艺术体验消费的多维阅读、多维创造的平台。一楼是复合式书店，一半是书，另一半是美学空间。

"这里有全世界最全的鼓浪屿书籍3000余册。"苏晓东指着书架上高低错落的一圈书颇为自豪地说，"每一本书都经过专门的选书师挑选，我想让人们深深扎根在这个岛屿的文化氛围中。"

美学空间里有晓籽生活馆、咖啡下午茶吧和烘焙手作坊……每一个空间，都代表了厦门今天的一种生活方式。最好玩的是植物生活馆，像是中药柜一样的旧货架，藏满了关于植物的记忆。在这里，可以依据每个人的生日，找到对应的生日花，建立人和大自然间玄而又玄的神秘链接。

晓籽空间陈列着366种植物书签、手工皂、花艺等产品，旁边的货架上还有晓籽印章，刻满了各式各样的悲欢故事。"曾经有一个20多岁的厦门男孩，来晓籽店里刻了一个'妈妈，我爱你'的印章。后来才知道，他的父亲老早就离开，母亲一人拉扯他长大。他不敢离家太远，复读了一年才考上厦大。"他为我讲述了其中一个充满温情的故事。

整个书店仿佛是一个架空的平行宇宙，弥漫着令人轻松愉悦的氛围，令人暂时脱离现实世界，沉浸在美学阅读的时空里。

"二楼是'晓食光'，我们为大家准备了清茶和美食，一个人独享，或三两好友喝茶叙话，阅读交流，别提多自在闲适。当然，这里还会长期举办各种文艺活动，读书会、签售会、手作课堂、艺文沙龙、艺术展览、时尚派对……阅读是连接万物的载体，我们准备了一万种方式，只为了让你走进书店，遇见故事。"在他的介绍下，我们往三楼走去。

沿着充满年代感的木制楼梯缓缓上到三楼，那是虫洞美术馆，也是艺术家们的创作场，每周都有不同的电影上映，还会举办作家分享沙龙，读者可随时随地参与，创意、艺术、文化在这里随机发生碰撞。

"注意到了吗？地板上全是1920年的花砖。"稍微停顿了下，他补充道，"现在已很少见了"。

"虫洞书店不止是一家书店，更是一个有书店基因和鼓浪屿基因的多元综合体。"苏晓东神秘一笑。

苏晓东是土生土长的厦门人，有着丰富的人生阅历。当国内文化产业的萌芽刚露出尖尖角，曾在传媒和广告行业多年深耕的苏晓东敏锐地捕捉到一个大时代即将来临的信息，并成为第一批勇敢的弄潮儿。

1993年，他创办了品牌管理机构——新格文创，算得上是中国品牌管理咨询领域的引领者之一。就在企业做得风生水起的时候，他突然在2009年，放弃了北京、上海等广阔的市场，回到厦门，开启了一段新的转型之旅。

"鼓浪屿上晓学堂·虫洞书店，是我开的第三家晓学堂书店。其他两家分别是位于厦门岛内软件园的晓学堂·中信创客书店，以及位于厦门最繁华的中山路步行街的晓学堂·AKP书店。在成为书店老板之前的20多年，我经营着国内一家知名的品牌管理公司，经常飞来飞去，服务着各个行业的巨头，交友甚广。于是，很多商界的朋友问我，晓东，为什么要去做书店？在厦门，房地产、餐饮才是更合适的方向。"

或许不少人都曾经梦想过有一间属于自己的书店，地方不用大，一方小小天地就足够为自己的心灵提供一个休憩的港湾，而真正能让理想照进现实的人不多。曾经作为厦门文化地标之一的晓风书屋，在民营书店"关门潮"中，也终不能幸免于难，令无数书友唏嘘。

"也许因为它是时间里的事物，又给过人们美好的记忆，它的勉强维持也变得那么让人感情复杂。"一位书友曾说。

就在短视频和电子书挤占了纸质阅读，互联网完全改变了人们购书方式的当下，苏晓东居然执着地要逆潮流开一家书店。

为什么呢？

很多人不解，不少人看不懂他到底在做些什么，甚至疑惑，他是不是只玩情怀，不懂商业模式，他做的那些事情到底能不能挣钱？在一些奖项评比中，他常常因为经营业绩和营收的问题而落选。

关于为什么开书店，他曾经半开玩笑地说，开书店跟自己的初恋有关，是一种情愫，一场关于青春的盛大追忆。或许，这是一个起因。其实，在感性的念头萌生后，支撑他走过孤独而漫长岁月的，是理性的思考与坚持。

苏晓东提出"先文化，后产业"的想法，他希望先把文化做起来，再根据市场需求导出文化IP，做商业化的事情，成为可持续发展的模型。他的这个想法，在尝试中得到了验证和实现。对于苏晓东而言，从文化发掘到产品落地，印证了他之前"先文化，后产业"的想法。他认为，阅读是生命中最美好的遇见。他也通过创新的实体书店，酝酿着更多的可能。

"面对他们的不解，我总是笑着说，如果把书店只是理解为书的交易，的确很难有前景。但是，如果把书店当做一个精神消费的地方，一个给你'阅读+未知'的空间，这个'未知'我用字母'X'来表示。这就有无限的想象和价值。"

苏晓东把"X"作为晓学堂的标志，也是"晓"的首字母。

"晓学堂跟传统书店最大的不同，在我们书店的空间里，不止满足你对书、对阅读的需求，还可以通过各种文学、艺术、美食、时尚、生活方式等多种活动，让你在忙碌的工作中找到一个放空自己、结识朋友、打开精致生活的空间。"

有人问他："很多纸媒都面临困境了，你干嘛还做书店？"每当有人问，他就礼貌地笑笑，并不解释。

"懂我的人自然知道我在做什么。"他对此总是淡然。

不管世事如何变迁，

总有那么一些人做着梦，

关于文学，关于书店，关于爱情，

关于穿越世界的旅行。

也总有那么一些人不再做梦，

因为，梦变成了现实。

第一家书店成功后，他又在软件园二期开设了晓学堂书屋。这两家生活美学书店，成为厦门颇具人气和影响力的创意空间，许多外地游客慕名前来。之前探索的成功，让他坚定了想要在鼓浪屿开一家"阅读+旅行"创意书店的想法，于是就有了后来的"虫洞"。

"据说十点读书的伊格博林少曾说，这家伙，怎么把我要干的事干了！"说到这，他略带一丝自豪。

"如果说，诚品是台北人文的缩影，为繁华都市的现代人留一盏灯；我想做的书店，就是一座岛屿，它是激流时代的一艘船，安静地满载着所有可能性的种子。"

虫洞书店成功后，又有了AKP·晓学堂。

据苏晓东介绍，"AKP"这三个字母来自西非伊格博族的词汇——AKIPELAGO，中文译为"岛群"。在原子社会，如果说每个个体都是一座孤岛，那么他们做的事情就是希望将每座小岛通过晓学堂连接在一起，创造更有趣的岛群价值。

AKP·晓学堂就藏在中山路建于民国时期的一幢有百年历史风貌的建筑里。这里汇聚了时尚、艺术、设计、文学、音乐、电影、美食……每天近15万人在这里熙熙攘攘。书店旁边是中国第一座基督大教堂——新街堂，很多年轻人前来体验拍照，驻足停留。随处可见各种艺术设施。AKP·晓学堂在这个城市最古老的繁华商圈里坚守，护住了一脉书香。

随后，晓学堂又有了新玩法。

苏晓东和他的创意团队某天突发奇想，与其一直在原地等读者来，不如主动走出去，跟每个人，跟这个世界好好聊聊。

2017年，在海峡两岸文化产业博览交易会上，首次亮相了中国第一个移动书店——虫洞巴士。展览结束后，虫洞巴士发车了。

这辆很酷的虫洞巴士，从厦门出发，跨山越海，前往杭州、上海、苏州、南京、北京等城市，遇见不同的人们。它会变身成移动书店、小型艺术空间以及一个沉浸式体验场所。当人们走进巴士内部，会体验到一场"穿越"，感受10分钟的短暂抽离：可以借阅图书、交换二手书、参加每座城市不同主题的读书沙龙，或是参与虫洞巴士独有的迷幻游戏，喝上一杯特供的虫洞创意茶。

"我希望跟每个相遇的人好好聊聊，你可以谈谈关于阅读的看法。而这一切可能会被我们记录成影像作品，最后生成一部阅读电影，在全网播出。虫洞巴士就犹如一台阅读艺术的探测雷达行驶在路上，未来可能性还有很多……"苏晓东如是说。

其中最有趣也是最不可知的，是虫洞巴士每到一座城市会与当地艺术家合作，推出一套跨界文创产品，比如即将发车的虫洞巴士厦门站，就推出了与这座海岛城市有关的文创衍生品，随着虫洞巴士车走向全国。

"事实上，连我自己也不知道，当虫洞巴士发车之后，这一路上会遇见什么样的人和事，遇见什么样的阅读风景。但我始终知道，阅读，一定会带领我们去遇见更好的世界。"他望着远处，坚定地说。

总有那么一些人不再做梦，因为梦变成了现实。苏晓东用上百万种阅读的可能性，让梦想飞到了更远的远方。

　　来自X星球的苏晓东曾经跟我讲述过一个关于鼓浪屿的浪漫故事：一位青年爱上了鼓浪屿一户人家的女孩。那个年代，被誉为钢琴之岛的鼓浪屿家家户户都有钢琴，岛上每个角落都能听到悦耳的钢琴声。在这样的氛围与土壤中，这位女孩从小就接受了良好的音乐教育，每天在窗前练琴，就像一株素雅的玫瑰花，静静散发着香气。青年躲在窗外听着女孩弹奏的钢琴曲，如痴如醉，于是他鼓起勇气给女孩写了一封告白信，并约定，如果女孩愿意接受自己的心意，便在约定的时间弹奏一曲贝多芬第五夜曲。到了约定的日子，青年在窗外苦苦守候，忐忑万分。终于，从那扇不知眺望过多少次的窗口飘出熟悉的旋律。鼓浪屿，就是这样一个空气中都随处都散发着甜蜜香气的浪漫之地。

　　"身为当地人，我知道市场边的包子铺，阿叔一揭开蒸笼，鼓浪屿的早上也便揭了盖；我知道岛上哪栋洋楼的花园里，藏了野生的百香果；知道岛上的潮汐与风……但2009年的时候，我突然发现，我和大多数游客一样，并不了解鼓浪屿。"

　　当苏晓东的双脚再次踏上鼓浪屿的土地，脚下还有被太阳烤过的余热传来，灿烂的阳光照得他睁不开眼。阵阵清冽海风吹过，空气中熟悉的大海气息令苏晓东浑身酥麻。心驻足在这里，20多年像无脚鸟般飞来飞去给别人做品牌管理的生活就此终结。

　　把根扎下来。故乡有着触动他内心深处最柔软地方的暖意和温柔。厦门是他的故乡，是他一份深藏于心的情怀。小时候，那个巷口、那株木棉树下的鼓浪屿，美好又宁静。后来，这一切就只存于他的记忆中了。他想为鼓浪屿做些事，或许正是因为这份特殊的情怀，又或许是他看到了这座岛屿的未来。在浓厚的商业化环境氛围中，他想给这座岛屿做减法，还原那个曾经美好的鼓浪屿；他更希望做加法，来寻找、复原和再造这座岛的勃勃生机与静美。

"鼓浪屿其实就是一座海上仙岛。"苏晓东曾开玩笑地这样跟我说。确实，闻名遐迩的鼓浪屿四面环海，气候宜人，风景如画，人杰地灵，宛如一颗璀璨的海上明珠，镶嵌在厦门湾的碧海绿波之中。19世纪40年代，随着西方列强的涌入，鼓浪屿成为中西文化交流的重要窗口，迅速发展成为具有突出文化多样性和近代化生活品质的国际社区。深厚积淀的闽南传统文化和近代以来中西方文明的对话交流，使得鼓浪屿形成了中西文化交融并蓄的文化特征，不仅造就了历史国际社区的卓越品质，也对闽南乃至中国的社会变革起到积极推动作用。这座小小的岛培育出一大批杰出的中外文化精英，如汉语拼音文字和标点符号的创建者卢戆章，中国现代音乐先驱周淑安，著名体育教育家马约翰，著名声乐家和声乐教育家林俊卿，著名钢琴家李嘉禄，著名妇产科专家林巧稚、何碧辉，著名天文学家余青松，著名科学家卢嘉锡……他们在语言学、文学、教育、体育、科技、音乐等方面的成就，远播闽南地区、台湾地区，以及东南亚乃至世界各地。2017年7月8日，在第41届世界遗产大会上，"鼓浪屿·历史国际社区"被列入世界文化遗产名录。

"在鼓浪屿，有些东西从始至终都没有泯灭过。阿婆会为了让你吃上正宗的瘦肉粽，坚持一道不差所有工序都讲究，但因为年纪大气力不够，只好每日限量售卖；小药圃里80多岁的婆婆殷勤招呼来往的游客，她说，来来来，你看我的花开得好哇，中气十足……"

在这座被称为"海上花园"和"万国博物馆"的小岛鼓浪

屿，每天都有数以万计的游人慕名而来。碧海拥着白沙、白浪轻抚沙滩，充满异国情调的建筑、被鲜花和藤萝装饰的木窗、光影斑驳的残墙、迷离的风情小店、风居住的街道，以及慵懒优雅的猫咪……这里包含所有能想到的文艺浪漫元素。

"然而很多上岛的游客，想听故事却又脚步匆忙。一天的时间，就要逛遍鼓浪屿50多个地方，重要的东西，可能看一眼就过去了，我觉得挺可惜。很多人跑来跟我们说，很希望慢下来，一天哪怕只听一个故事，就很好。"

鼓浪屿对苏晓东，对每个人都是特别的。因为鼓浪屿不只是一处"著名的旅游胜地"，它还是一本读不完的书，里面有瑰丽丰盈的故事。鼓浪屿上每一栋老别墅，背后都有特别的故事；鼓浪屿上生长的植物，都有着非凡的来历；这里有许多大家族风云变幻的传说；这里还有写下《致橡树》的大诗人舒婷，她写了几十年跟鼓浪屿有关的故事……

因为这些点滴的温情和美好，苏晓东一直想做一个跟鼓浪屿的气质和文化相匹配的东西。

博尔赫斯曾说："如果有天堂，天堂应该是图书馆的模样。"书店是一座城市的文化名片，也是一座城市的文化景观，在城市安静的角落，涌动着最活跃的思想。它是休憩心灵的桃花源，也是眺望世界的窗口。

在想到能为鼓浪屿做点什么时，他第一个想到的就是书店。

当时光的脚步来到2016年7月，苏晓东在鼓浪屿申遗核心要素之一的海天堂构内，开了一间名为文化虫洞的书店。海天堂构始建于1876年，是当时的"洋人俱乐部"，被称为"鼓浪屿十大别墅之首"。这里的每一个窗棂都写满了故事，吸引了中外学者和游客前来。他希望借助虫洞书店这个空间，链接鼓浪屿珍贵的文化艺术遗产，与当代艺术、当代青年形成更广泛的沟通互动。以虫洞书店为桥梁，苏晓东邀请了国际上不同领域的优秀艺术家、创作者，通过在鼓浪屿进行驻留创作的方式，重新开启鼓浪屿与世界的文化创意连接，通过新时代下的"文化引种"，为鼓浪屿注入更多活力。

要如何设计，才能既保护好这座鼓浪屿上最好的建筑，同时又能实现书店的文化之美呢？确定选址后，苏晓东就在思考这个问题。

"这座老别墅距今已140多年，昏黄的玻璃、每一个窗棂都装着故事。来到这里的时候我就想说，如果有这个机缘去做书店，我一定要好好珍惜。"苏晓东恳切地说。

带着一份虔诚的心，他找到亚太酒店设计协会的孙建华，一个在建筑领域很牛的人物。

"这是一个小项目，但是我希望你能够来操刀。"苏晓东的真诚感动了他。

455个日夜，3600个小时，历经3600个小时的讨论、争吵、推翻，从而不断更新迭代。

"想想现在的都市人挺可怜的，想逃离又很怕被淘汰，每个人其实都想偶尔抽离出来，却只能被困在钢筋混凝土的写字楼里。"晓学堂·虫洞书店，就是那个能够让人瞬间逃离、遇见美好的场所。

"希望每个到书店来的人，能忘却时间，得到哪怕10分钟的放松也好。"当脚踩着上个世纪的花砖，翻过鼓浪屿的历史，感受着厦门当下的生活方式，再穿过时间走廊来到未来，感觉总会不一样吧？

"几乎每一天我们都在进行各种有趣的尝试。"他激动地边比划边说。

开业预热后，他们邀请了KUMAMON——熊本部长从日本赶来书店，举办熊本厦门抱抱会，无数年轻人被吸引到场，他们觉得很有趣，开始喜欢上阅读这件事。他们还联合音乐人虎子发起《岛2》驻地计划，邀请国外13组青年艺术家在厦门驻地创作。邀英国音乐人Emmythe Great在鼓浪屿进行了28天的音乐驻地创作……

我想通过书店盘活厦门的一切可能，幸运的是，正如预期的那样，它们正在发生。

虫洞书店一夜之间就火了，成了中国最美的网红书店之一。

据说，苏晓东的老朋友——十点读书的创始人林少在最初得知苏晓东准备在鼓浪屿开书店的消息时，当场就"急了"："这家伙怎么把我要干的事干了！"很快，志同道合的几位好朋友走到一起，成为了合伙人。著名导演宁浩、华盖资本许小林、十点读书林少等知名人物都被虫洞书店吸引，成为这里的股东。

他们还曾经发起书店众筹，成效显著。令人惊艳的众筹成绩，加上书店经营良好，让苏晓东对新书店的探索有了更多的信心。他想把不同的人、事、物聚合在一起，挖掘上百万种可能的新书店模式。

《鼓浪屿事典》中有一番话令苏晓东特别神往："这是一个能令时空错乱的地方，说到底，是因为它碰了你一下。你不知道是什么时候被碰到的，只是那么一下，你的节奏变了，你的眼神变了，不是看到过去，就是看到了未来。"

在苏晓东看来，鼓浪屿最美好的，不仅仅是当下，还有过去，以及未来。他富有想象又极其大胆地想要打造一个可以让人瞬间逃离的场所，就像宇宙中的虫洞一样，于是便将书店命名为"晓学堂·虫洞书店"。

其实，虫洞书店的选址也颇费了一番周折。他一个人走遍了鼓浪屿大大小小的角落，用脚步亲吻过脚下每一块石砖，一遍又一遍地讨论、评估，最终选在了海天堂构的原址上重建。

在最初设计的时候，苏晓东和孙建华提出了一些非常大胆的想法，他们打算分三个阶段，用十年时间分步骤去完成这座梦中的书店。一开始，先打造1.0版本的虫洞书店。而这个书店，也因身处这座人文厚重的小岛，这栋见证世纪变迁的老别墅，为鼓浪屿，甚至为厦门创造出一个独特的文化地标。

在苏晓东的设想及规划中，虫洞书店扎根在本土文化中，又是国际的、开放的，所以他希望虫洞书店不仅仅是鼓浪屿这座岛上的书店，也可以穿越到更多地方，在其他城市落地生根。

继虫洞书店之后，苏晓东持续开展着城市文创探索——虾米堂、遇见厦门、黄远堂、菜市场博物馆、鼓浪晓籽、岛群AKP、晓学堂文化虫洞……

7月8日，鼓浪屿申遗成功两周年之际，"遇见鼓浪屿"文创智能体验店试运营，这是苏晓东的一个新的尝试。"遇见鼓浪屿"文创智能体验店座落于鼓浪屿的最高点——日光岩景区，是全国首家开在旅游景区中的体验书店，由厦门鼓浪屿文化旅游发展中心与新格文创、晓学堂文化虫洞共同合作。

"遇见鼓浪屿"文化创意智能体验店，打造的是"文创+科创"的智慧景区标杆，AR、AI带来满满的科技感，将当地人文与自然环境做了融合。

　　书店整体分三层，融合文创伴手礼、艺术展览、游客服务和科技智能体验。三楼为"向阳而生"文创生活馆，将日光岩文化注入文创伴手礼，还有AR增强现实的交互性体验。二楼为"一楼半"美术馆。作为鼓浪屿最高的美术馆，苏晓东以当地文化挖掘为核心，持续策划最新展览内容，引入各国艺术家创作的作品。一楼为"种子的信仰"游客服务中心。游客可以在此休憩，在欣赏日光岩山海交融的美景的同时，享受鼓浪屿的静谧时光。

　　苏晓东希望通过自己的努力，推动厦门文化产业的发展和文化传承。他更希望，人们在离开鼓浪屿时，能带走一段故事，也能在心中留下对鼓浪屿的美好印记。

种下一粒种子

曾经有一个城市文创活动，邀请苏晓东为厦门写情书。思虑良久，他郑重地在落笔处一笔一划地写下："文化创意必须是一件坚执的事情，也是给厦门的一封淡淡的情书。"

在苏晓东看来，厦门就像一位徘徊在商业和人文之间的舞者，其身影如同厦门市鸟白鹭一般，纤细孤单，但一直坚执。在《白描厦门》中，你可以在一派纯净素颜里，看到一群爱厦门的创意工作者对厦门这座小城"清蒸"一般的记录与诉说——都说清蒸是给食物最高的礼遇，保留了它最原始的本真。然而清蒸并不适合所有食物，除了要求食材既鲜且美，用料极简且精准外，还需要它具有清透和安详的本质。如此的诗意，又如此的随意，这样的城市性格最适合用来白描。

"记得美国石油巨商哈默博士有一句名言，'一旦投入生意，就等于把自己拴在一列呼啸飞奔的战车上'。其实，当今时代，无论你从商从政还是从戎，无论你是当老板白领还是工人抑或学者，又有谁不是被绑在'呼啸飞奔的战车'之上，体验着生命短促、世事繁忙、竞争激烈？我们咀嚼着作为现代城市人的焦虑和漂泊感，却不时希望从束缚自己的烦恼中抬起头来，我们真的需要停下来一刻，听一听自己的声音——有的时候，最难的也正是最美丽的，其实就是那短暂的停下来的单纯、干净的呼吸。"苏晓东一句一顿，诚恳地说，"时有微凉何处雨。厦门的天，总是像水洗过一样美。"

厦门，城海相融，山海无间，快慢由心，静而有劲。这是他所深深挚爱的地方。

　　我不相信，

　　没有种子，

　　植物也能发芽，

　　我心中有对种子的信仰，

　　让我相信你有一颗种子，

　　我等待着奇迹。

　　　　　　　　　　　——亨利·梭罗

　　这是苏晓东非常喜欢的一首诗。关于鼓浪屿上的"种子"，也有一个小故事：1959年，我国遭遇了严重的自然灾害，很多人的温饱问题很难得到解决。爱国华侨了解到这个状况后，冒着被海关拦截的风险，从海外各地偷偷地将植物的种子带回祖国。然而，植物的种子是不允许被携带进入海关的。爱国华侨历经艰辛，想尽办法，才将一颗颗希望的种子，种在自己祖国的土地上，那些沉默无言的华侨们，用行动证明着他们对鼓浪屿、对祖国的深厚情感。在那一年，亚热带植物引种园由华侨捐资开发成立，在鼓浪屿种下了约1500种优良植物品种。

　　苏晓东被50年代华侨"引种"植物到鼓浪屿的故事深深打动。他想，文化也是一粒种子。他从"文化引种"的概念出发，与团队历时五年时间，精心打造了专属、独一无二的种子——366颗"晓籽"。366颗晓籽是根据一年四季24个节气的花开排序选出，对应到星座和每一天，希望寻找到美好植物与美好的生命相对应的一天。他邀请引种专家将岛上的植物按照花期排序，通过提炼和分析植物自身的精神与功用，精心挑选对应的植物属性，从中挑选出366种植物种子（包括闰二月）。同时，他请台湾的插画师绘制了这366种植物，每一种植物的开花周期都对应366天中的一天，每个人的生日都能匹配一种植物的种子。这些植物被绘制在书签、藏书章、杯子、祈福签等系列产品上，并开发成文化衫、手工皂等伴手礼及城市纪念品。除了商品落地结合，他们更希望把它打造成一个系统的IP。以"一颗种子的信仰"为链接，形成晓籽故事、视频、新媒体互动，从产品到空间再到跨界联名，做更多的授权输出和文化整合。

"引种园"的故事是"鼓浪晓籽"创意的起源，苏晓东认为："每一个人其实就是一颗小小的种子，凭借内在力量，生根发芽。366颗晓籽对应着每一天，我们每个人也像一株植物一样生长，每个生命会有'花开'的那个时间点。"这是他做品牌的初衷，也是创业的思考，是他所秉持的价值观。

他也坦言，创业路上有许多坑，在他看来，对于他们"70后"这一代人，就是与生俱来的拼搏。无论是打工还是下海创业，核心都是"不断创造价值"。是用一个产品、一个系统积累财富，还是能为这个社会和用户创造一种持续的价值？这是值得思考的。他一直珍惜的价值是持续创造一种人与人之间的美好。很多人对他所做的晓学堂、虫洞书店、鼓浪晓籽很感兴趣，好奇这背后是个什么样的人，为什么会做这样的事。

"能够带给人们思考与启发，形成社会价值认同与趋向，也是我所认为的创业更大的价值所在。"

在他的理念里，一个品牌，为什么能够存在？凭什么是你？你给社会带来什么？作为创业者，不应仅仅停留在财富上，更应该超越财富。今天的创业环境，知道却做不到，是创业最大的一个困难吧！

苏晓东的新格文创位于风景旖旎的厦门环岛路软件园一期，在可以看到大海的露台上，他和手下的两员干将：能量官梁艳和另一名可爱的短发女生，与我迎着海风，掌着灯，天马行空地畅聊。

"一条中山路，半部厦门史。我们的中山路有太多太多故事……"我知道他又冒出了新的创意火花。在鼓浪屿的系列文创项目之后，苏晓东开始着手打造"城记·中山路"。

"来来，从门口开始，我为你一一介绍。你知道吗？这个地方曾经是中山路的垃圾处理站，被我拿来改造成这个展览馆。"他笑着说，颇有些小得意。

从骑楼小洋房进入展厅，一个大大的时空之塔装置立在面前，仿佛进入了时空隧道。沿着历史走廊往前，随着他的讲解，我仿佛看到了中山路的生命演变脉络，眼前浮现出曾经那个五彩斑斓的时代、繁华的商业街区、穿梭来往的人们……民国时期的侨批、金融机构、电影与戏院、书局与报社都鲜活起来，鲁迅先生背影匆匆，爱国老华侨在阳台上气愤地跺了下拐杖，郁达夫先生在天仙旅社打开窗，欣赏这座城市的美景……

作为中国唯一一条通往大海的商业街，百年来的中山路片区一直是厦门的商业、金融与文化中心，见证着厦门岛的发展与变迁，留存了城市宝贵的文化记忆。"城记·中山路"成为人们认识中山路、走进中山路的一个窗口。市民、游客纷至沓来，参观游学的人络绎不绝。

"对于未来，我希望是可持续的、积极向上的、向好的力量。创造的价值川流不息，是我毕生努力的追求。"苏晓东遥望着夜幕下的大海，以及天幕上闪烁的星芒轻轻地说。

来自X星球的外星人，他所肩负的使命大概就是将文化的种子从这个地域带到另一个地域，从这个国度传播到另一个国度，从这个时空穿越到另一个时空，甚至，从这颗星球传递至浩瀚的未知。

耕耘时间的晓花匠，心里每天开出一朵花儿，生命也充满了淡淡的芳香。

TIPS：
【虫洞1876文化艺术空间（虫洞书店）】
晓学堂旗下第二家书店，在地文化艺术空间。
电话：2088175
位置：厦门市思明区鼓浪屿福建路34（海天堂构南楼）
营业时间：9:00-19:30

【城记·中山路】
位置：思明区水仙路14-18
营业时间：9:30-17:00（逢周一闭馆）

【超旷晓学堂图书馆】
位置：厦门市翔安区新店镇澳头社区
营业时间：9:00-17:00（逢周一闭馆）

至乐

天地有大美而不言。

——《庄子·外篇·知北游》

大漆观止

【沈锦丽】

人物简介： 沈锦丽，汉族，厦门市湖里区人，1966年10月生，省级非物质文化遗产项目福建漆艺第三批省级代表性传承人。自幼跟随曾祖母沈林足、祖父沈渐度、父亲沈学安学艺，熟练掌握漆线雕等福建漆艺，后到清华大学艺术系进修。她的漆线雕作品荟萃了景德镇陶瓷、福州脱胎漆器、北京景泰蓝中国三大传统工艺的特色，还汲取了闽南民间艺人雕琢绣饰的传统技法，将中国民俗艺术、宗教艺术、宫廷艺术兼收并蓄，镏金饰银，富丽堂皇，具有观赏和收藏价值。其作品多次获国家级奖项，其创造性地将福建漆艺运用到装潢中，并积极收徒传艺，先后被评为福建省青年民间工艺大师、全国乡村青年民间工艺大师等。

人物感言： 我要做一个传承文化的漆艺家，一个幸福的漆艺家。

相关链接：【福建漆艺】福建漆艺源远流长，在历代漆艺师的不断努力下成就突出，在中国传统漆艺中独树一帜。其以天然漆为主要原料，加入漆颜料调成色漆，采用打磨、推光、雕填、镶嵌、彩绘、脱胎、髹饰等多种手段制成脱胎漆器、漆线雕、漆画等各种漆艺品。福建漆艺在脱胎成型和表层髹漆方面具有鲜明的技艺特点，制作时采用布坯或木坯，经上灰、打磨、髹饰、黑推光、色推光等工序后，再用彩漆晕金、锦纹、朱漆描金、台花嵌螺钿等技法加以装饰。每件成品都要经过几十道，甚至上百道工序。工艺非常复杂，制作和阴干等十分费时，故一器之成往往需要数月，成品还需密闭在阴室里很久。因此，福州脱胎漆器光亮美观，不怕水浸，不变形，不褪色，坚固，耐温，耐酸碱腐蚀，并且具有轻质的特点。

寒冬：寒风凛冽，家族遭遇变故，幻灭中涅槃

"我们家滨北的店昨天已经正式关门歇业了……"天刚蒙蒙亮，沈锦丽就被老公的一通电话吵醒。

"恩，我知道了，不要着急，咱重新找个地方。你们也要照顾好自己。"她冷静地对老公说。

她不得不把所有烦心事放到一边，因为她还有很重要的任务要完成。离家整整十二载，她把年幼的孩子狠心扔在厦门老家，让老公又当爹又当妈，而她则独自在北京打拼，就为了圆心中的那个漆艺梦想。

"家里当然有意见啊！我们闽南人要求媳妇在家相夫教子的，婆婆甚至12年没有把家里的钥匙给我，把我当客人一样看待。可是我没办法，把自己留给家庭是小爱，把自己献给国家，那是大爱。"端坐在对面的沈锦丽缓缓地说道，眼神坚定。

12月北京的清晨，太阳被浓雾团团包围，只有一个淡淡的光晕，微弱的阳光用尽全力试图穿透浓雾。能见度不到五米的街道两旁，行道树笔直地挺立着，光秃秃的枝干努力向上伸展，似乎想要争取靠近阳光，近一点，再近一点。路上的行人全副武装，裹着厚厚的羽绒服，穿着毛茸茸的雪地靴，带着帽子、手套、围巾……每个人都行色匆匆，赶着上班，人流涌入地铁、公交车站，仿佛奔赴战场的战士一般。地铁口零星的小摊贩售卖着煎饼果子和豆浆稀饭，小贩们一边吆喝行人买早餐，一边警惕地四处张望，倘若有人看到城管，他们便立即像事先演练过一般，立马

收拾好摊子，骑着三轮车集体撤退。整个世界清冷而充满一种内在的张力，就像弓被拉满，箭尚未发出时那样紧张，由于浓雾的天气，又增添了一份压抑。

沈锦丽沿着路边缓缓地行走着，与急匆匆的人潮形成了鲜明对比。只见她穿着黑色的棉裤和红色的棉衣，上面绣着传统的龙凤图案，还戴着一顶朱砂红的帽子，为灰暗的冬晨增添了一抹亮色。行道树的落叶铺满了马路牙子，她轻轻地踩着落叶织就的"地毯"，慢慢地边走边思考，偶尔还抬起手在空中比划着什么。

"那个图样应该这样修缮……"

原来，她是在构思如何更好地修缮图样。

"那一年，我接到重要任务——为人民大会堂的大漆屏风'松青鹤白东方红'和'松鹤延年'进行修缮复原。这是一项光荣而艰巨的任务，遴选了来自福建、山西和扬州的漆艺师共同完成。"

她一心扑到了工作中，查阅古籍，琢磨技法，力求真实完整地复原出大漆屏风原本的美。甚至在睡觉时，梦里都是在进行修复的画面。她沉浸在漆的世界里，身旁的行人，远处的树，更远处的高楼似乎都渐渐模糊，越来越远。

这时，电话再次响起，她拿起手机一看，屏幕上显示是宝贝女儿的跨洋电话。

"妈妈，我毕业后打算回国跟你一起做大漆，复兴柒宝斋。"电话那头，女儿坚定地说。

沈锦丽的心头暖暖的，十分欣慰。女儿在国外念艺术管理专业，眼看今年就要毕业了。她得知家族企业遇到困境，义无返顾地要回国陪伴妈妈一起奋斗。

"我的儿子和女儿都非常懂事，知道了家族的这些困难，他们也要一起承担。"

做企业，就像驾驶一艘战舰，航行在浩瀚无边的商海，随时都有可能遇到敌船、风浪、暴雨，也有可能偏航、迷失，严重的甚至可能覆灭。一艘船的领航者必须时刻保持清醒，和瞬息万变的天气和风浪搏斗，企业家经营企业的过程，则是不断遇到问题，再不断解决问题，用智慧去处理形形色色的人和事，确保企业的"船"能够乘风破浪，攻克一个又一个目标，商海没有边界，奋斗亦无止境。正如稻盛和夫在《活法》中所说，企业家在做事业的过程中淬炼了灵魂，臻至澄澈。

坎坷和艰难是不可避免的，正当事业如日中天的时候，受市场影响，传统手工艺行业受到严重冲击，营业收入大幅下降。她们的店铺位于滨北咖啡一条街，这条街在海湾公园对岸、筼筜湖畔，咖啡馆林立，聚集了很多外国人和白领，逐渐变成了厦门最有小资特色的一条街，店铺租金也随之连年上涨。

"柒宝斋是最早到那边开店的，当时那里还没有那么热闹。他们在这条街整整经营了12年，然而，最后不得不关门歇业，因为租金太高了。"

看着多年的心血付诸流水，他们无比心痛。加之一些看热闹的、看笑话的、不同心态的人们围观事件发展，坊间的各种流言一度让家人不堪其烦。

曾经她被无数荣誉和光环包围，而今面对的更多是冷漠、嘲笑、讥讽，还有家人无助的眼神和沉重的叹息。面对世事无常，人情冷暖，她并没有埋怨或沮丧，而是关上门，静静地思考接下来的路该怎么走。

她回想起，在自己年幼的时候，跟着曾祖母学习刺绣，跟着父亲学习漆艺的时光，无忧无虑，多么快乐。她忽然感到很累，坚持了那么多年，似乎已经筋疲力竭。她忍不住留下眼泪，委屈的、难过的、思念的泪水，然后再也压制不住自己，泣不成声。

"啊祖（闽南语），我很想你，真的很想你！"

没有经过长夜无声痛哭，不会真正懂得人生。她已经一整天没有吃饭，把自己关在无人的房间，静默地坐着。一向以坚强乐观示人的她，即使悲伤难过也只能自己一个人偷偷拭泪。夜幕降临，她望着漆黑的天空，上面闪烁着几粒星星，整个画面很像一幅漆画，黑色是底，螺钿做星，美极了。这些小星星调皮地眨着眼睛，似乎在跟她对话，她不禁笑了。

她记得小时候，曾祖母的眼睛也像星辰般晶莹闪亮，尤其在做刺绣的时候，整个人都散发着月亮一般温润莹白的光，美得像天上的仙女。从那个时候起，她就发愿要做曾祖母那样的人——一名美丽的手艺人。曾祖母是个非同一般的女人，在曾祖母那个年代，女人是要裹小脚的。

"我还记得，曾祖母脱下鞋子让我看她的小脚，我就那样趴在曾祖母膝盖上，看到曾祖母的双脚因为曾经缠裹脚布而变得有些畸形。"

"曾祖母在自己七岁那年，自己扯掉了裹脚布，她不希望自己被一块布束缚在狭小的空间里，她要去广阔的世界自由地奔跑。她跟我说，锦丽，你也要去拥抱这个世界。"

她抬头看曾祖母，那种眼睛里的勇敢和坚定像一道光，射进了她的心里。

随后她又想起了跟随祖父和父亲学习漆艺的画面，一个个场景，像电影里的一帧帧画面，那么生动鲜活，仿佛还在昨天。曾经，他们沈氏家族的传统手工艺品在当地十分有名，甚至传播到了海外。

闭上眼睛，她聆听着自己内心的声音。那种骨子里流淌的力量和对大漆的热爱，给了她莫大的勇气。她抬手轻轻擦去无声的泪水，大漆，就是她今生不解的缘，这辈子注定跟漆紧紧地联系在一起，只要有漆，她就什么都不怕了，她必须为了漆而活，必须在创造中永恒。

"不要怕，只要我们一家人在一起，心靠在一起，手牵在一起，就没什么好怕的！"沉静了近两个月后，她打开房门，重新振奋，对家人说。她必须用自己的坚强扛起所有沉重，再用阳光的笑脸撑起家人对生活的希望。这艘船，不能被风雨倾覆，而要冲破风暴，勇往直前。希望是帆，她必须做那个掌舵人。

受到她的鼓舞，一家人重拾信心，一边重新调整思路，一边低调生活，稳步前进。该承担的都默默承担，该努力的要更加努力。生活的重担没有压垮她，反而让她把眼光重新收回到自己内心，审视自己走过的路，思考未来该怎么走，内心更加宁静而丰厚。

"经过这次事件，全家人变得更亲密、更团结了。从前忙于打拼事业，常年在外奔波，与家人待在一起的时间非常少，而今大家都拧成一股绳，原来一家人的心一直紧紧连在一起。亲情的温暖和支撑，这时候比什么都体现得更宝贵。"

真正的艺术家就是这样，不管经历再多生活的坎坷和磨砺，最终都会将其吸收并化为自己的养分，迸发出更璀璨的思想火花。对于家庭的负担、处理不完的纠纷和杂事，她统统扔到一边，心无旁骛地专注在大漆屏风的修复工作中。有时候她冥思苦想，想到发呆；有时候得到灵感后，又像疯了一样，不停地做，甚至旁人跟他她说话，她都听不到。

"她真是痴了，傻了。"一起工作的老师和伙伴们这样说。

她已经和这两块屏风融为一体，完全忘记了自己。在大家的共同努力下，经过不眠不休几个昼夜之后，终于在2008年8月1日，他们顺利完成了人民大会堂大漆屏风"松青鹤白东方红"和"松鹤延年"的修复工作，并顺利放回东大厅，作品基本还原了当初的模样，而且更加鲜亮、厚重、大气。这一次的作品修复工作，是团队通力协作的成果，也是她的一次全新尝试，大漆是一种灵物，不通晓它的习性就无法善于应用；它又像一匹野马，不熟知它的脾性，就难以驾驭。为了修复工作，她倾尽了所有心血，全然忘我，感到无比充实和快乐。

"这已经是最高的荣誉和最饱满的收获，我还有什么可求的呢？"

2008年在人民大会堂东大厅保养两幅大型漆艺屏风（沈锦丽供图）

春：青春年少，豆蔻年华，意气风发

沈锦丽从小受家庭艺术氛围的熏陶，对传统工艺有着浓厚兴趣，擅长于漆艺和绣艺。自幼时起，她就跟随曾祖母沈林足、祖父沈渐度、父亲沈学安学艺，熟练掌握珠绣、福建漆艺等技艺。

"曾祖母是我文化艺术的启蒙恩师，唱歌仔戏、做珠绣样样都会。九岁时，我就练成了摸黑能穿针走线绣八仙图的绝技。"

学艺很苦，同龄的小伙伴们都在嬉戏游玩的时候，她只能端正地坐在家里，拿着针线重复枯燥的动作。曾祖母温柔却严厉，对她的希望极高，要求也最严。在艺术面前，她必须按照曾祖母的要求一丝不苟，认认真真，那些绣样就是她的整个童年，她在有限的方寸间，去感受无比大的世界，小小的绣布里面，有花草，有湖泊，有星月，有龙凤……每当绣出精美的图案，外祖母就会露出满意的微笑，这个笑容仿佛一束光，照进小小的沈锦丽心里，她觉得心里像绽开了一朵花，开心、快乐极了。

转眼到了20岁，她已经长成了亭亭玉立的大姑娘，风华正茂。也是在她生日那一天，祖父带领沈家人兴办起了家庭副业，这也成为了她一生的里程碑。

最初的厦门城范围很小，中心制高点就是现在的公安局大楼。当时沈家住在厦门湖里区五通码头附近，驻扎在炮台的解放军得知他一家人擅长刺绣，就将炮台里的部分空房子提供给沈家举办珠绣展览，在当时引起不小的轰动。随着名气增加，他们开始承接技能简单利润低廉的刺绣来料来样加工业务。接着，沈家又在自家的农舍，办起了厦门锦龙工艺品厂，撑起了村中路边的一处民间家庭作坊。很多村里人都记得这个小作坊，看着年轻夫妇领着几个少女飞针走线，都觉得眼前是好一幅活灵活现的"锦绣图"。

随着海峡两岸经贸和文化的交流日益发展，小厂的闽南传统珠绣远销台港澳和东南亚。曾祖母传授的绝活有了用武之地，沈锦丽靠手艺打开了资金原始积累的大门，加上她头脑灵活，肯吃苦，渐渐地积累了人生的第一桶金。由于海外的定单越来越多，祖父领着锦丽姐妹四处培训绣工，从本村逐渐发展到同安县崎山一带农家，规模从祖孙四人拓展到鼎盛时期的千余人。祖父眼看刺绣产量日趋增加，每天领着姐俩驾船到村里收集成品，父亲则负责将成品批发到港台和东南亚。整整四年的打拼，虽然所得利润不甚丰厚，但收获与喜悦大大多过终年的艰辛。

正当一切都朝着越来越好的方向发展的时候，上天给她安排了一次疼痛，而且是刻骨铭心的疼痛。就在她新婚后不久，一天，父亲为了去帮她取一些刺绣需要的材料，然而这一去就再也没有回来。父亲在路上遭遇车祸，等他们家人赶到现场的时候，看到满地鲜血，父亲躺在路中间呻吟，痛苦难当。送到医院的时候，医院又停电半个钟头。种种意外，导致父亲最终因抢救不及时，流血过多而去世。当时，父亲正值壮年，还不到50岁。

"母亲当场在医院就哭昏了过去。父亲就是为了帮我去取材料才遭遇车祸的，我真的没办法原谅自己。好多年，我都没有办法走出来。"

大悲无泪，她自始至终一滴眼泪都没流，巨大的悲伤像一块巨石压在她的心上，多年压得她喘不过气。

"父亲走后，家里人一直都没缓过来，一直觉得他似乎还没走，每天吃饭都要为他摆上椅子和碗筷，晚上看电视，也要帮父亲留着位置，泡上一杯他最爱的茶，一直坚持了三年。后来爷爷奶奶实在看不下去了，才不允许我们再这样做。"

"死者已矣，生者还要坚强走完剩下的路。父亲的离去或许是为了教我学会面对人生的无常。"她觉得自己要替父亲承担起照顾家人的责任，为此，她不得不坚强。

"父亲去世后，我还做了十年的村支书呢。遇到任何委屈和难过，我就对着空气跟父亲说话，仿佛父亲从未离开一样。"

沈锦丽深知，做市场如逆水行舟，不进则退。为了进一步拓展市场，她于1992年初次进京考察，这一次进京也成为她人生的转折点。

在故宫的金碧辉煌中，她看到了漆艺的华彩，这让她印象十分深刻，仿佛看到了漆的前世与未来，它历经几百年还可以这么生动地存在，保持得这么完整。她回想起小时候，老家的漆器行业也一度十分兴盛。但是她没想到，漆艺居然还可以做得那么华美，简直就是一件艺术品。故宫之行，彻底改变了沈锦丽的人生，她回到厦门后立即同祖父商量要制作漆线雕。

祖父略一沉吟，看着沈锦丽说："锦丽，我们国家使用大漆的历史已经有七八千年，福建脱胎漆器的历史也有200多年了，咱们福建脱胎漆器与北京的景泰蓝、江西的景德镇瓷器并称为中国传统工艺的'三宝'。早些时候，大漆只有王公贵族才能使用，它不怕日晒雨淋，更可以防腐，是十分尊贵的。据我们沈氏族谱记载，明成化年间，沈氏文宣公带领族亲定居于福建泉郡武荣（今南安县），把中原的文化艺术和传统手艺带入闽南。民国初年，我们沈家迁至厦门，仍以漆艺为生。"祖父言语中充满了自豪。

可是，紧接着，祖父又说道："唉，可惜啊，现在传统工艺美术行业已经不堪承受市场经济的冲击，普遍面临萎缩或倒闭，曾经辉煌的福建脱胎漆器厂和厦门漆线雕企业也同样凋敝。你看，我和你父亲现在都基本不做漆器了。锦丽，你再聪明再能干，难道有力挽狂澜扭转大局的实力不成？"

沈锦丽听完祖父的话，心里燃烧的火苗被浇了一盆冷水。确实，现实的问题也必须要考虑。然而倔强的她并不想就此放弃，小时候做大漆的场景历历在目，血脉里那份对漆的敏感从未离开。故宫之行后，她似乎和古老的漆艺符号产生了一种共鸣，驱使着她要去做这件事，并成为人生的使命。

她对家人说："人的一辈子其实挺短的，而且生命无常，从艺术的角度，我觉得选择漆是很对的，它一定会有未来。我想把我们沈家的传统技艺传承下去并且发扬光大。"看到她那么坚定，家人都被她感染，最后都全力以赴地支持她，全家决定先关起门来进行研制。

脱胎漆器的制作颇为不易，从选料、塑胎、裱布、刮灰、上漆、髹饰至成品，每件成品都要经过几十道、甚至上百道工序，工艺非常复杂，制作和荫干等十分费时，故一器之成往往需要数月甚至更久。

大漆是一种很神奇的材料，有很多的特性：质地坚牢，色泽光亮，能耐高温和耐酸，是具有天然物质特点的涂料；此外，它色泽鲜艳，经久不变，在木材或金属上涂刷可以避免潮湿或腐蚀，不易损坏。更神奇的是，它可以和各种材料融合，有着无限大的想象空间。沈锦丽在做漆线雕和漆器的过程中，不断地认识大漆，连接大漆，跟它形成了一种很好的共鸣。

但天然的大漆有略微腐蚀性和刺激性，一般人接触生漆会产生过敏反应。由于长年累月地跟漆泡在一起，从材料研配到髹饰每一个环节都要亲手制作，沈锦丽也产生了过敏反应。全身皮肤长出了豆大的红疙瘩，又疼又痒，十个手指全肿了。一般做漆的匠人们遭遇过敏，需要涂一种闽南传统的青草药，并且在晚上睡觉的时候，把手给绑起来，以防止抓到那些疙瘩，导致更大面积的感染。而沈锦丽则不，她把盐块投进热开水里，擦在红肿的地方。然后对着漆说话，用心跟它沟通。神奇的是，那些痒的地方真的很快就痊愈了。

那段日子真是苦不堪言。似乎那些肿痛和难以忍受的痒，是大漆对她的考验和磨砺。沈锦丽硬是咬着牙挺过来了。直到现在沈锦丽还会经常过敏，她却安之若素。

她淡淡地说："这是排毒性过敏，一星期就自然好。经历这个痒之后，我收获了很多东西。我开始认识到，体内的每一个细胞都不能小看，只要碰到了过敏源就会全身快速扩散，但是如果你能够征服它，免疫功能会变得很好，身上会起红点，但你不会被这个痒所骚扰，也就是痒而不痒。这个过程我觉得挺有意思，就像你征服了漆。"

"它会带着你去创造很多很有意思的东西，然后去产生很多千变万化的漆彩纹饰。"她说，"我觉得这是让我们认识万物的一种可能性。接触多了会觉得一切都是有生命的，经历多了，跟它连接了，就会彼此接受。它存在，但和你平和相处。"

跟漆的这种关系，也提醒着她跟人相处：只要一切建立好关系，都可以和平相处。多年来一边磨砺技艺，一边经营家族企业，她遇到过形形色色的人，碰到过各种奇奇怪怪的事。她都用大漆的精神，去换位思考，去包容，更多地关注提升自我，以达到和别人和谐相处，达到"和而不同"的境界。

"其实制作漆器是一种修行，创作的过程就是修行的过程。"沈锦丽悠悠地说。

通过长期艰苦的摸索和锤炼，渐渐地，她做的漆线雕和漆器不仅完整地传承了先辈的技法，更融入了自己的思考，在全国已经颇有名气。

为了进一步提升技艺水平，她选择到清华大学艺术系进修，像海绵吸水一样如饥似渴地学习。通过系统地学习艺术理论知识，跟外地各行业的工艺师交流，她进一步开阔了视野，形成了自己独特的风格。她的漆线雕作品荟萃了景德镇陶瓷、福州脱胎漆器、北京景泰蓝中国三大传统工艺的特色，还汲取了闽南民间艺人雕琢绣饰的传统技法，将中国民俗艺术、宗教艺术、宫廷艺术兼收并蓄，镏金饰银，富丽堂皇，具有观赏和收藏价值。

毫不夸张地说，她已经成为一位茁壮成长、风华正茂、优秀的漆艺师。

夏：夏季，草木丰盛，光鲜亮丽，荣誉加身

转眼到了2002年，沈锦丽和家人正在积极筹备新店开张，此时，厦门首届国际马拉松也将于2003年3月举行。厦门国际马拉松赛的赛道选在美丽的环岛路，被誉为"最美马拉松赛道"，现在环岛路上还矗立着一系列马拉松的雕像。马拉松比赛在厦门市政府的高度重视和精心打造下，已经成为厦门的一张烫金名片，也是中国著名赛事品牌，与北京国际马拉松赛成"一南一北、春秋交替"之势。

"你知道吗？这首届马拉松的奖杯，其中有16座就是由我制作并提供的。"

沈锦丽认为，在自己门口举办那么大的国际赛事，而且正好自家新店开业，十分想纪念下这历史性的一刻。"痴心妄想"的她想方设法想要去参加马拉松，并且请嘉宾们为自己签名。

"当时真是初生牛犊不怕虎。在多次努力无果后，最后关头，我实在没办法，把电话直接打到了市长那里，向他很真诚恳切地表达了自己的愿望。"沈锦丽眉飞色舞地诉说着。

时任市长被她的真诚所感动，最后，通过组委会给了她一张黄色通行证。她想都不敢想，自己的愿望就要成真了！

一整晚她都兴奋得睡不着，在床上回忆着人生的一幕幕，翻来覆去。第二天刚蒙蒙亮，她早早就来到了起跑点。首届厦门马拉松，除了专业运动员和报名人员的比赛之外，还特意安排了一个嘉宾跑5000米的小活动。当时所有嘉宾都站在台上合影，几分

钟后，就要开始跑，一旦跑开就散了。如果不抓紧这几分钟，就再也不可能找到让他们为自己签名的机会了。

"怎么办？要不要去？要不要去……"

看着人山人海的群众，长枪短炮的摄像机、照相机，她心里十分犯怵。她紧张地冲进卫生间，对着镜子为自己打气："你好不容易走到这一步了，那么多人在帮你，你要勇敢冲出去！"

说完，她对着镜子里的自己，坚定地点了点头，立马飞奔出去，冲到台上，请所有嘉宾为她在帽子上签名。台上的嘉宾有来自国家体育总局的领导，有福建省的领导，还有厦门市市委书记、市长，以及各相关部门领导。大家听完来意后，都很亲和地为她在帽子上签了名。

她开心得简直要飞起来。在跟着嘉宾跑完5000米后，她又冲到终点，跟大家一起迎接运动员们的冲刺。第一名、第二名……每次有选手冲过终点，人群都报以热烈的掌声。有的运动员跑到最后跑不动了，依然坚持走完全程，人们也都报以掌声和鼓励。沈锦丽由于太兴奋，一点都不觉得累。她东奔西跑，找到获奖的运动员，对他们说："这个奖杯是我做的，你能不能为我签个名留个纪念？"有的选手是外国人，她就指指奖杯，再指指自己，用手比划着跟对方交流。这时候，或许语言已经没那么重要，运动员们都明白了她的意思，纷纷为她在衣服上签名留念，并与她合影。

看着人群中满场飞的沈锦丽，连保安和现场观众都被感染，纷纷指给她："那里，那里！那里还有一位。"

就这样，她创造了一个奇迹：当天参赛的所有嘉宾和获奖选手都为她签了名，这顶帽子和这件参赛衣服，已经成为宝贵的历史纪念。

"经过这次事件之后，我开始觉得，原来自己内心有那么强大的力量，可以创造那么多的不可能和奇迹！"

从前害羞内向的小姑娘，渐渐变成了所向披靡的漆艺战士，她开始缔造自己的大漆世界。

一个偶然的契机，沈锦丽得到了著名漆器艺术家李芝卿的一套漆艺模板，至今仍在漆宝斋漆艺传习中心里珍藏着。

李芝卿老师是福建福州人，是我国漆艺界的泰斗。他早年求学于福建工艺传习所漆艺科，师从日本漆艺大师原田和闽籍清廷御工林鸿增。20世纪20年代，他在原田先生的邀请并资助下，东渡扶桑，到长崎美术工艺专科学校深造，系统地学习了日本漆艺的表现技法。回国后，他致力于漆艺技法语言的探索创新，在传统漆艺纹饰技艺的基础上，吸收日本漆艺中的"变涂""莳绘"等髹饰技法，创造性地发展形成了一套独特的技法表现手段，并且成功地将其运用到漆画实践上，创作了中国最早的一批先验性漆画作品，被誉为"中国现代漆画的奠基者"。另外，他为了教学需要，整理出《福州漆器制作工艺》，对普及漆工艺技术，规范漆艺表现语言，具有十分重要的意义。特别是他在福州工艺美术研究所工作期间，将自己多年所掌握的漆艺髹饰技法制成上百块技法样板，供后人学习和参考。这些宝贵的样板对丰富中国漆艺技法语言产生了深远的影响，至今仍然是中国漆艺教学的直观教材。

沈锦丽得到这套模板后，十分珍爱，日日观摩这套对漆艺纹饰技法进行剖析和整理做成的直观教材。通过细致的观察和研习，她发现李芝卿老师以斑纹填漆为基本语言，加上钩、刻、描，此时的大漆已不再是简单涂层，也不是一般的色彩，它与世间万物相包容，天然材质的张力被大漆包容得静谧温润，产生了丰富的艺术性。比如其中一块是煤油，有一块是描银描金，有一块是点的，然后还有赤宝砂、丽宝砂……每一片技法都不同。她从中看到漆和其他材料结合形成的可能性，之前几乎没有人看到过。她领悟到前辈留下来的是一种精神，要不断地创造可能，去研究不同材料之间的连接。

在这样的基础上，她开始在不同的作品上尝试各种创新，技艺不断精进。之后，她每件作品都要做样板，把小技法的样板留下来，目前已经有200多个样板。

"这对传承是很重要的。后人可以通过对样板的研究来知道作品的技法。"她笑着说。

经过不断的打磨，沈锦丽创作出了一批批精品。她于1995年把第一批漆线雕成品运到北京，新颖的漆线雕继承闽南文化和工艺传统，巧妙地结合漆器、陶瓷、景泰蓝等材质，呈现出独特的美感和生命力，受到首都各界人士和外宾的青睐。其作品《五龙瓶》获第三届国际民间手工艺品展览金奖，《龙凤葫芦瓶》在第九届中国（国家级）工艺美术大师精品博览会中获中国工艺美术金奖。

她成功了！

在初期的成功后又继续试产试销整整五年，多次参加北京和外省市的展会，使得在北方名不见经传的厦门漆线雕广为人知。千禧年国庆节后，她赢得机遇，漆线雕精品成为国家领导人出访国外的礼品，礼品赠送的第一位外国元首是西哈努克主席，第一幅漆线雕作品《祖国万岁》成为北京奥申委礼品。翌年，她在北京人民大会堂召开赏评会，以百件漆线雕精品阵容和300年闽南瑰宝新姿，赢得了全国人大、全国政协、文化部、中国文联、轻工总会、北京奥组委等部门的高度赞誉，赢得了赏评会主办方文化部主管的中国文化信息协会颁发的"漆线雕艺术与品牌创新奖"。

沈锦丽将新时代的漆宝斋漆艺推向了一个高潮。她的个人作品两次荣获业界最高奖项——山花奖，其余奖项更是数不胜数，其作品被数十个国家的元首收藏。

2008年，沈锦丽担任第29届奥林匹克运动会国家体育场（鸟巢）要员接待大厅漆艺装潢总监，最终签订合同的时候，时间已经非常紧张。

"我与恩师乔十光和王世襄老师一起创作的《万鸟归巢，和谐盛世》方案成为唯一一个最终入选的方案，容不得商量，必须得上！"

他们创新性地尝试将福建漆艺运用到装潢和空间中，创作了元首厅199平方米的大漆壁画《盛世和谐图》，以及漆艺屏风《喜鹊登枝》等。在调《盛世和谐图》的红色时，怎么调都不满意，她想到了北方用猪血帮助调色的案例。

"我抱着试试看的心态，拿起针，闭着眼睛，狠心地把自己五个指头扎破，血一滴一滴地融进大漆里，过了24小时之后，我们发现，这就是那个预想的红色啊！"

应该说，几位福建的漆艺师们已经为大漆的未来探索出一条更为宽广的道路。

她真的成功了！！

从2008年北京奥运会国家体育场，到2010年上海世博会贵宾厅，再到人民大会堂，沈锦丽的漆宝斋创作的漆艺作品从来不缺少能拿得上台面的荣誉。在上海世博会她还获得了"杰出贡献奖"，并且8月8日这天，信息网馆就定为"优必德"活动日，举办了专场漆艺展，让世界了解中国大漆的美。但沈锦丽觉得，与这些荣耀形成鲜明反差的是，包括漆艺在内的传统手工艺，虽然历经千年的文化浸染，却日渐式微，开始慢慢淡出主流视野，传统工艺需要主动创新，挖掘新的市场需求。

"不安分"的她又开始思考，在古代，人们就是用漆来制作生活用品的，如何将古老的大漆与现代生活融合起来？当时文创之风尚未盛行，她就开始了文创开发。比如，制作了家风福漆碗，取"夫妻"之谐音，漆固情深，天长地久；设计了光洁典雅的大漆手镯；制作了一系列漆的家具；尝试研发汽车内饰板……她顶着同行不理解的眼光，积极推广市场，不断地创造和发展。因为她认为，这些老祖宗留下来的东西要保持生命力，必须跟时代结合起来。果然，这些产品一经推出，就深受市场欢迎。

她再次成功了！

一时间，各种荣誉如潮水般涌来，她站到了聚光灯下，被鲜花和掌声簇拥着，她个人所获荣誉多得数不清。

"我拼尽全力，就是为了帮福建的大漆行业打造一个良好的生态环境。"她每天脚不沾地，为大漆奔忙，为企业奔忙，为各种社会事务奔忙，为全世界奔忙，唯独没有了自己。

秋：宁静丰盛，湖光秋月两相和

"一条鱼，跳到了空中，却一直呼喊着，为什么没有水？我好难受啊！"。沈锦丽幽默地说，"这个世界上，有男人，也有女人，女人就像水里的鱼，就应该做好一条鱼啊。这样它会过得很幸福。"

曾经为了事业非常强势的她，现在非常享受跟家人在一起的时光，她带领家人一起学习家风文化，学习中国古文字，老公在说起她的时候非常尊敬地喊她"沈老师"。

"其实做事业跟照顾家庭并不存在矛盾，是吗？"我有点疑惑地问。

"那当然啊！你先要找到那个原本的自己，做好自己，然后再去影响身边的人。我现在每天早晨起床买菜，为家人做早餐，照顾好他们的饮食起居，然后再做自己的事情，一点都不影响，反而可以一家人互相陪伴，共同进步。你说，这有多好！"沈锦丽露出温暖的笑容。

沈锦丽现在为自己规定，每天五点起床，在自家位于海边的工作室四楼，迎接太阳从海边升起。

"我有写日记的习惯，也喜欢在出差的时候，收集世界各地的日出。然而现在我才发现，全世界最美的风景，最灿烂的日出，就在自己家里，在我住了几十年的这个屋子啊！"这片生养她的土地，是她永久的眷恋。

回望自己的人生，就像一部电影。有很多贵人，也有很多曾经伤害过自己的人。然而，她认为，自己人生的电影之所以那么精彩，离不开所有的人，甚至那些她曾经认为是"坏人"的人，其实也是在用另一种方式来唤醒你、成就你。应该怀抱感恩的心态来认真、积极地过好每一天。

经历过艰苦的奋斗，享受过巨大的成功和荣誉，又经历过跌到谷底的痛，此时的沈锦丽，已经走过了幻灭，仿若新生。她最大的心愿就是把大漆好好地传承下去，她静静地工作，静静地教学生，就像一棵树，静默地站立，开花散叶。

2017年金秋的厦门，所有人都为了金砖会议能在此举办而激动振奋，沈锦丽也在全力参与，但她并没有做太多宣传，只是静静地做着力所能及的事情。

在筼筜书院的闽南非物质文化遗产展上，福建脱胎漆器在最后一刻被审核通过，最终入围，与蔡氏漆线雕、莆田木雕、闽南影雕一起，接受中俄两国元首的参观检阅。脱胎漆器的工艺要求很高，一般瓷器在胚胎上直接描绘，胎与绘画成为一体。而脱胎漆器是在泥土、石膏等制作的胚胎上进行漆料层层涂画，最后将泥胎去除而成，工艺复杂，艺术价值也极高。

"需要任何展品，我都全力配合，你们尽管拿去。"

在展览筹备阶段，沈锦丽给予了最大程度的配合与支持，并且没有任何要求，也没有要求到现场进行展演。

"只要能把我们祖先优秀的文化和技艺展示给大家，我就很开心了。"沈锦丽豁达地笑着。

除了参加筼筜书院的非物质文化遗产展示，沈锦丽更是带领团队参与到红旗国宾车内饰制作的研发制作中。这是一项非常大胆的尝试，将具有几千年历史的大漆运用到我们国产汽车的内饰中，多么华彩，多么光荣。

"在金砖会议期间，元首乘坐的国宾红旗车内，就是采用了我设计的大漆内饰版。"沈锦丽自豪地说。

其实，早在七八年前，沈锦丽就收到了来自中国一汽红旗事业部的特别邀请，加入红旗国宾车内饰工程的研发和艺术创作工作。在沈锦丽看来，将7000年的古老漆艺与现代汽车工业结合，是一场意义深远的尝试。因此，看似简单的礼宾车内饰，她却倾注了大量的期待与心血，也融入了相当多的艺术灵感。多年下来，沈锦丽共为此设计了200多个漆艺髹饰样本，为漆宝斋漆艺的传承与发展奠定了良好的基础。

红旗礼宾车内"上善若水"涟漪状纹饰创意，就来自于天桥上雨点打在汽车玻璃窗上迅速散开而得到的灵感。一次堵车时，刚好赶上天降大雨，沈锦丽无意中观察到雨滴落在车窗上，一种绽放的力量感瞬间打动了她的内心。

"对雨滴而言，从万米高空跌落到大地，完成了它的历史使命，却在落地的一瞬间，用这样一种强有力的方式完成了一场重生和蜕变。"沈锦丽用很轻的声音说道。

"上善若水"涟漪状的设计由此诞生，浩瀚无垠的宇宙空间，生生不息，寂静灵动的漆黑之韵，温润之感，千姿之纹，唤醒人们润育万物的尚水情怀，让观者体会到一种"大到无外，小到无内"的空间感。整个车饰，给人一种通透、灵性、内敛而又高贵的感觉。

不仅如此，漆艺中的主要材料为天然植物漆，有着防辐射、绝缘、耐高温、耐磨、防腐等功能特性，以特制的铝胎为骨，以漆灰为肤，以漆为饰，历经纯手工近40道工艺精作而成，并且通过多种指标的反复实验。随着一道道技术难关的破解，历经多年努力，漆宝斋漆艺承载的福建传统民间漆艺，实践了中华7000年传统漆艺与现代汽车工业的一次完美结合。

"我所积极探索的创新，无论是艺术上的，或者是商业上的，其目的是为了让像漆艺这样濒临失传的古老手艺得以传承，并且把它们忠实还原给这个新的时代。"

2006年，福州脱胎漆器髹饰技艺被列入了国家级非物质文化遗产，沈锦丽从未忘记自己作为一名非遗传承人的身份和责任，她不忘初心，亲身致力漆艺传承。创作之余，她积极授徒传艺，学员中已有十多人较为熟练地掌握了福建传统漆艺。

制作漆器费时费事，最是考验人的技艺和耐心。做漆艺工作，静心最重要。匠人制作一件物品，本就是一次修心之旅。它要经受漫长的煎熬和不懈的追求，要耐得住寂寞、苦闷、徘徊的考验，要有一种持之以恒、百折不回的意志，要把它作为一种乐趣、一种精神寄托、一种情感的向往。她在教授学生的时候，不仅教他们技艺，更教他们如何做人，学生们也很用心、很刻苦。看着古老的技艺得以手手相传，她十分欣慰。同时，她思考更多的是，如何让传统漆艺对话当代生活，让新一代的年轻人接受并喜欢漆艺。

她先后在北京和厦门建立了传习中心和漆艺展示馆，联合中央美术学院、福州大学厦门工艺美术学院建立实习基地、非遗传习中心，将传承和教学相结合，让更多人了解漆艺，接近漆艺，让大漆回归生活。通过与院校的合作，将理论学习和实践操作结合起来，使得非遗技艺的传承跟教学相结合，学生们非常受益。而在授课的过程中，她又从学生身上吸收了很多新的思维，她与学生一起探索，让传统技艺跟新思维、新设计结合，让漆器成为很时尚的艺术生活用品。

"日本的漆器做得好，就是因为它跟生活紧紧地结合在了一起。"沈锦丽深知器物不仅有外形之美，更有内在所承载的民族审美情趣，她受到古人曲水流觞故事的影响，开发了一套古朴清雅的"曲水流觞茶器"。受到这件物品启发，在2017年中国（厦门）漆画双年展上，主办方以"漆水流觞"为主题，在全国遴选画家，最终委托天津美院胡本七教授创作了漆画，再现了古人风采，展示了大漆的精神和古人的情怀。这幅珍贵的作品在2018年厦门市文化和自然遗产日上展出，令人赞叹。

漆就是一种液体，但只要好好使用，它可以跟万物结合。它在五行之外却能包容五行。中国有百工，漆不在百工之内，但兼容百工，包容性很强，它可以跟万物化腐朽为神奇。

"很多人会认同漆艺、喜欢漆艺的，因为它特别有情感。漆艺就是一种情感，代表一种永恒，代表一种传承，代表一种价值观。只要你能跟漆结合，你就可以感受千年万年的情怀。它的气质，它的德行，它就是成人之美，成人达己。"

是的，漆最典型的特征就是成就别人的同时才能成就自己，否则你什么都不是，我们做人也是如此。漆让我们学会做人，教化我们，这就是一种教化艺术、修行艺术。

天地自然，四时有序，万物随四季变迁，春耕夏耘，秋收冬藏。在时间的长河中，她专注于漆艺，在经历了人生的起伏悲欢之后，物我两忘，找到了心灵的家园。沈锦丽说自己是幸福的，她喜欢手工，喜欢这独特的缘份，她说："生活不仅仅是诗和远方，还有活在当下的专注，择一事，终一生。"

古漆者，光泽华，似乌金而非寒，明丽堂皇。

曾有人说，世上最美的颜色就是宣纸的白和大漆的黑，大漆的黑是"莹莹之黑"，仿佛暗夜中闪烁的星辰，在黑暗中透着光亮和希望。

大漆，与水墨、陶瓷并成为中国三大传统艺术媒材，它是从漆树上留下来的"眼泪"。根据最新的考古发现，中国漆器至少已有8000年的历史。漆的广用、深用、巧用,在战国和秦汉,乃至形成了一个漆的时代,不只是"千文万华,不可胜识",而是由漆而成的人文世界,包围了一个中国贵族从生到死的全部生命空间。起坐行卧、吃喝拉撒、车马仪仗,漆无所不在。而天然大漆的无毒性,漆膜的光滑和坚硬、绝缘和防渗漏,以及由此带来的防腐性,营造了一个干净卫生的生活空间,这导致了治病的减少、寿命的延长和种族的繁衍。

丰富的大漆已然成为能代表东方传统文化特色的材料,它不仅有深厚的底蕴,更有可供开拓的巨大空间,东方古老的漆器和现代漆画在世界范围内大受欢迎,其在材质、色泽、韵味上独具特色,是一门既能代表优秀厚重的古代艺术风范,又能代表当代中国文化、中国精神的工艺。在当前加强与"一带一路"沿线国家文化交流的过程中,大漆的未来将不可限量,前途光明灿烂。

正如沈锦丽的人生一样,大漆见证着她的每一步成长,伴随着她从乡村走到厦门,再从厦门走到北京人民大会堂、鸟巢,直至走到国际舞台,其艺术生命力还将一直延续到遥远的未来。

器物之美如人生,有时候厚重才显贵重,有时脱胎化羽方成蝶。关于漆器,关于柒宝斋,关于沈锦丽,以及千千万万跟漆打交道的艺术家和匠人来说,他们的生命已经和大漆融为一体,悲喜交替,在涅槃中达到游艺于心的境界,归于澄澈。

tips:
【柒宝斋】
电话:13806035298
位置:厦门市湖里区翔云一路111号海丝艺术品中心
      羲缘楼3楼313
营业时间:8:30–17:30

掌上春秋

【庄晏红】

人物简介： 庄晏红，汉族，厦门市思明区人，1968年11月生，福建省级非物质文化遗产项目福建布袋木偶戏（厦门）代表性传承人，省级非物质文化遗产项目闽南皮影戏省级代表性传承人。庄晏红出身于木偶世家，自幼跟随父亲庄陈华、母亲晏曼英学艺，1979年考进福建艺术学校，师从木偶表演大师杨锋。2007年拜闽南皮影戏老艺人陈郑煊为师，开始传承闽南皮影戏。庄晏红2010年创办厦门市弘晏庄木偶皮影戏传习中心。从艺40多年来，曾获得中国民间文艺"山花奖"，福建省第三届中青年演员比赛"金奖"等50多个奖项，多次出访美国、德国等30多个国家和地区。多次为国家领导人和外国元首演出，常年坚持上山下乡、进部队、进校园、进社区演出，开展讲座、教学、排戏等公益活动，庄晏红的艺术成就和艺术追求被拍成专题片《木偶两代人》《指尖上的梦》《海峡艺术名家——庄晏红》等多部纪录片。2021年获得由中央文明办二局（全国志愿服务工作协调小组办公室）与中国文艺志愿者协会共同主办的首届宣传推选学雷锋文艺志愿服务"时代风尚"先进典型——最美文艺志愿者。

人物感言： 我这一生所做的事情，就是在传承的基础上，不断超越。一代更比一代强，我们这一代在先辈的基础上，将这门古老技艺传播到全国。而我的遗憾就是英语不好，我希望我的女儿和学生们能带着我的期望，将木偶艺术传播到国际。

相关链接：【福建布袋木偶戏（厦门）】福建布袋木偶戏又称掌中戏、掌中木偶，是福建闽南地区极具代表性的传统傀儡戏表演形式之一。布袋木偶戏历史悠久，相传始于明代，流传于我国福建、台湾，以及东南亚华侨华人聚居地。布袋木偶戏因使用的木偶躯干是用布缝制而成，其形酷似布袋而得名。其特点是表演者用指掌操纵木偶模仿人的表演，以唱、念、做、打演绎具有戏剧性的故事，既表演一些真人难以体现的动作，有较高的技巧性，又能以喜怒哀乐传递人的情感，活灵活现，栩栩如生，深受观众的喜爱。20世纪二三十年代，厦门曾是闽南布袋木偶戏演出的重地，到了60年代，厦门布袋戏逐渐萧条，走向衰落。进入新世纪，厦门布袋戏重放光彩，原来一些从事布袋木偶戏表演的艺术家重新恢复活动，厦门布袋戏又将其优美生动、高超的技艺表演展现在观众的面前。厦门布袋戏主要分布在思明区何厝、曾厝垵、鼓浪屿，集美区的灌口镇海仔市，海沧区青礁，翔安区，湖里区，同安区五显镇等。

【闽南皮影戏】于明代从潮汕地区传入漳州、厦门、泉州等地，其唱腔原本以潮调为主，对白带潮州方言特点，现在表演语言以普通话和闽南方言为主。其剧情多源自历史传说或民间故事。闽南皮影戏的制作材料为牛皮或硬纸皮，所刻人物脸谱与北方皮影不同，形象写实，造型夸张，发型、头盔精致，服装花纹细腻，图案近似宋代笔法，富有闽南地域特色。

指尖上的舞蹈

六月的鹭岛，凤凰树尽情地舒展着枝丫，火红的凤凰花大片大片地绽放着，点燃了热情似火的夏天。正值暑假，游客们或听从大海的召唤，或循着味蕾地图，背着行囊捧着攻略，漂洋过海来到了美丽浪漫的音乐之岛——厦门。这座风景宜人的海上花园城市，被公认为中国旅游休闲示范城市、最佳会奖营销目的地，一直是文艺小青年们的旅游胜地，每年游客接待量高达四五千万。尤其2017年金砖会议在厦门召开后，被总书记盛赞"高素质、高颜值"的厦门，更是吸引了大批海内外游客。而曾厝垵，是游客们到厦门后在岛内必去的几个景点之一。

在闽南语里，"厝"是"房子"的意思；"垵"大意是"社"的意思。曾厝垵位于厦门岛东南部，有兔耳岭之草，太姥山之石，火山岛之礁，那里的人们世代以打渔为生，过着"男渔女耕"的简单生活。直到有一天，一群文艺的小青年，大部分是作家和诗人，发现了这里，大概因为对"面朝大海，春暖花开"生活的极度渴望，便在这里"白手起家"，开起了几间小客栈，诗意栖居。自此，曾厝垵成为当地文人墨客的聚集地。而后，因为驴友和背包客们口耳相传，网络上关于曾厝垵的好评不断，比如"厦门的第二个鼓浪屿""中国最文艺的小渔村""一定要去曾厝垵住一住"。于是，这座传统小渔村的宁静被打破，大批大批的背包客慕名前来，客栈也一间一间地开起来。渔民们再也不用辛苦地出海打渔，仅靠出租自家老房子就能每天晒着太阳喝茶，惬意逍遥，而且挣得还远比从前多。由于这里的住宿相对鼓

107

浪屿便宜很多，又富有文艺气息，所以到厦门旅游的年轻人大部分住在这里，对面就是阳光、大海和沙滩。曾厝垵的小巷子里也迎合游客的需求，开设了各种文创小店、奶茶店，还有各类热带水果和新奇的台湾小吃，游客们既可做一个幸福的吃货，又能将整箱的大芒果和伴手礼邮寄给远方的亲友尝个鲜。

然而，问题在于，商业蓬勃的发展起来后，房屋租金也提高了，之前那些文艺青年经营的客栈难以为继，不得不关门，让位给收入更高的奶茶店、馅饼店……许多游客来了之后，大失所望，以前的文艺特色呢？怎么满眼都是大芒果和攒动的人潮，空气中全是烧烤的气味，哪里还有文艺的清新呢？所以，到厦门来的游客们在骑着自行车逛完环岛路，拍几张美美的照片后，突然发现，这里已经没地方可以玩了。

经济发展和文化保护之间难道就没有一条可以协同发展的路径吗？

随着我国文化产业的蓬勃发展，厦门也一直在探索文化和旅游的融合发展。除了挖掘当地的文化内涵，开发各类具有当地特色的文创商品，还专门在曾厝垵熙熙攘攘的步行街旁边打造了一条文创街。整条街区的建筑都是红砖古厝风格，其中，"弘晏庄木偶皮影戏传习中心"便是一个极具闽南风情的项目。

弘晏庄木偶皮影戏传习中心中间立着一个高宽各约四尺的舞台，呈四方形，实木材质，构造富丽堂皇，上盖有凌霄檐，其上有精美的木雕工艺。下挂一块大红布，上面用金线绣着"弘晏庄"的招牌，图案也十分具有闽南当地特色。到了演出的时点，随着后场的鼓点节奏，小小的舞台上出现了一个小吏模样的木偶，另一个穿着官服，带着官帽，县太爷模样的木偶坐在凳子上。这时候，各路英雄轮番登场，表演一项项杂技：舞剑、耍棍、顶缸、刀枪对打、舞绸……县太爷看得如痴如醉，观众也看得入了迷。整场演出没有任何一句台词，但是观众都被高难度的动作所震惊，真人表演尚且不易，更何况是操纵木偶来表演呢？而且，县太爷色眯眯的模样也表现得活灵活现，十分逼真，感觉木偶就像真人一样。

天气非常热，阳光毒辣，旁边的凤凰木都把叶子蜷缩起来，躲避阳光热情的亲吻，小虫子们也藏在阴凉的树叶背后，止住了鸣叫。这种天气就应该躲在空调房里喝茶聊天，可是游客们站在毒辣的阳光下，满头满脸的汗水，男士们的衣衫都湿透了，爱美的女孩子们也顾不上会被晒黑，完全沉浸在木偶的世界里。

一个小男孩，化身表情帝，随着鼓点的节奏扭动着身体，在演员表演高难度的动作时，他张大了嘴巴，紧张得屏住呼吸，眼睛睁得圆圆的，盯着台上的木偶。

"奇怪了，我们儿子从来对什么都不感兴趣的，只喜欢抱着手机和平板电脑玩，今天怎么那么投入？"他妈妈十分不解地对身旁的老公说。

也难怪，小孩子们在看电影电视的时候，只是被动地接受信息，而在观看布袋木偶戏时，他们却能在小小的舞台中，构建属于自己的童话世界，这是一种主动的创造。

这时，演出结束，演员们都从后台走出来跟观众见面，舞台正中央站立着一位身着红衣的女士，只见她脸庞圆润，发髻高盘，梨涡浅笑，带领着一众演员向观众鞠躬致谢。

观众还沉浸在刚才精彩的打斗场面中，没有回过神。直到演员再次鞠躬，才反应过来，人群中爆发出热烈的掌声。

红衣女士就是木偶传承人庄晏红。

她在当地是个名人。在2017年金砖会议纪录片《100个微笑》中，她出镜表演《指尖的舞蹈》，在各种大大小小的场合，也都不能缺了她。

布袋木偶戏是闽南地区的非遗项目，是一门综合艺术，集文学、雕刻、彩绘、口技、音乐、杂技等为一身。木偶戏源于晋、兴于宋、盛于明，又称"景戏""指花戏""掌中戏"，为傀儡戏剧种之一。其特点是用指掌操纵偶像进行表演，既能够演人戏，还能演飞禽走兽；技艺高超的艺人可以双手同时表演两个偶人；行当角色大致同京剧，配曲有京剧、芗剧、民间音乐等乐调，兼容并蓄，因剧目而异。布袋木偶戏的木偶头造型精美，具有收藏价值，是深受世人喜爱的民间艺术品。

2006年，国务院批准发布第一批国家级非物质文化遗产名录，木偶戏及其木偶工艺均榜上有名，这是闽南的布袋戏木偶工艺传承人的骄傲。2012年由福建省文化厅牵头制定"福建木偶戏后继人才培养计划"，木偶头雕刻技艺被联合国教科文组织列入"保护非物质文化遗产优秀实践名册"，实现了中国在联合国教科文组织优秀实践名册项目零的突破。种种成就显示了布袋戏木偶头雕刻技艺对中国传统文化的重要贡献。

前文中，庄晏红和徒弟们为大家表演的是布袋木偶戏经典剧目——《大名府》，取材于中国古典名著《水浒传》的第六十六回，讲述了梁山好汉扮成杂耍艺人，混进大名府救卢俊义、石秀的故事。

自从她进驻后，游客到曾厝垵不仅可以喝网红奶茶，还能一睹最具闽南味道的布袋木偶戏表演，这个弘晏庄木偶表演将文化和旅游完美地结合起来了。一方面，这个游客集中的地点可以为古老的非遗项目提供展示的平台，并尝试市场化运营的可能性；另一方面，也为景点注入了当地文化特色，二者相得益彰，取得了绝佳的平衡。

闽南女儿红

庄晏红生来就注定属于舞台,她还在娘胎里,就天天听着剧团锣鼓唱腔的咿咿呀呀,或许这时候,她已经在接受最初的艺术启蒙教育了。假若从她开始接受艺术教育开始算起,那她真算是最年轻的老艺人了。

出生在艺术世家的她,在深厚的艺术土壤中孕育生长,从小见证着一代代木偶表演艺术家们对木偶的热爱和执着追求。由于生长在木偶戏剧团,受环境氛围影响,她还没学会说话,就先学会了"咿……呀……",她学步的场地就是在三尺舞台上,可以说,她人生的第一步就是在舞台上迈出的。有时候剧团的叔叔逗她:"小晏红,以后长大了要做个名角呀!"小小的庄晏红眨着亮晶晶的大眼睛,把这句话印在了心里。

庄晏红的父亲庄陈华,师从木偶戏大师杨胜,为漳州布袋戏"福春派"第五代传承人。他14岁考入福建龙溪艺术学校木偶班,1960年进入漳州市木偶剧团任专业演员,以丑角戏见长。现为国家级非物质文化遗产项目木偶戏(漳州布袋木偶戏)第二批国家级代表性传承人,他本人因艺术成就突出而享受"国务院特殊津贴",并被推选为中国木偶皮影艺术协会名誉会长。他技艺高超,可双手同时操纵表演两种性格、感情各异的偶人,尤其擅长表演各种飞禽走兽。庄陈华在坚守剧种表演的程式性与行当特色的同时,又能在操作技巧上大胆创新,突破传统布袋戏表演的"关节腿"难题,创造了独有的"丑角步法"和"以嘴咬线拉帽"的拉线技巧,成为北派布袋戏代表性艺人。主要传承剧目有

《大名府》《卖马闹府》《八仙过海》《三打白骨精》《钟馗元帅》《狗腿子的故事》等。

小庄晏红一直跟在父亲身边，看父亲和剧团的叔叔们演出，布袋戏用人操纵木偶，全凭十个手指表现木偶的腾挪闪转，以及喜怒哀乐等各种情绪。父亲在台上演出的时候，她就坐在台下看，身体随着锣鼓节拍扭动，小小的手掌伸开，用十个指头开始模仿父亲的动作。台下喝彩不断，掌声雷动，她看到木偶艺术能为那么多人带来欢乐和艺术享受，心里觉得十分骄傲和自豪。说来也奇怪，在其他小孩子都喜欢玩沙子、捉迷藏的年纪，庄晏红却独爱木偶，她可以抱着木偶玩一整天，跟木偶说话，帮她们穿衣服。木偶剧团就是她的木偶王国。

灵巧的小庄晏红学什么都很快。当时的闽南地区，几乎家家户户的女孩子都会刺绣，很多家庭还承接一些简单的来料加工。小庄晏红的妈妈是剧团的木偶服装制作师，妈妈的服装工作间里有一位从工艺厂退休的刺绣奶奶帮助制作剧团的木偶服装，小晏红一放学就会帮着绣，很快就学成了一手好的手绣技艺。她看着邻家婶婶用缝纫机推绣，心想，我也能做。她经常在婶婶处盯着看，一天回到家跟母亲说："我也能做机器推绣。"

母亲诧异地看着她，摸摸她的额头说："这孩子，净说瞎话呢。"

然而小庄晏红立马拿起一块布，有模有样地开始照着婶婶绣花的图案练习机器推绣，只见她脚踩缝纫机、手腕推动，刚开始还不是很协调，却乐在其中，经过艰苦的练习，她能够手脚并用，绣出来的龙凤活灵活现，好像能够跳脱布料飞起来。

这简直是无师自通，大家都惊讶万分。从此后，庄晏红家里也开始承接一些来料加工的活儿，生意非常好，一家人的小日子过得很滋润。闽南的女孩子，自古都是吃苦耐劳、善良隐忍，以及勤俭持家的典范，而庄晏红身上更多了一份刚强和坚韧。她一直在传承中超越。

到她11岁的时候，艺校招考的消息传来。在那个年代，艺校十分吃香，很多人都趋之若鹜，堪称千军万马过独木桥。她毫无悬念地顺利通过了层层考核，开始正式走上了学艺之路。在学校，大家都非常喜爱性格开朗活泼又富有灵气的庄晏红，她得到了很多艺术界老前辈的悉心指点，在学业上拔尖。毕业后，她又顺顺当当地进入了木偶剧团，算是开始正式工作了。她在父母的教导下，从小十分乖巧懂事。在剧团里，她年纪小，时时刻刻谨记尊敬长辈，什么擦桌子、扫地、搬凳子等活儿她都抢着做，大家都非常喜欢这个小姑娘。

小庄晏红很早就在艺术上精进，开始崭露头角。在她刚入团后不久，就和父亲、杨烽等前辈一起同台演出，并且一人分饰三角，丝毫不怯场。可以毫不夸张地说，她跟很多叔叔伯伯岁数的人，是同一个辈分的艺术家。经过几次历练后，庄晏红对表演更加深具信心，剧团的长辈们都赞赏地说"可以放手了"。

经过了长期的观察考核后，1979年，时任木偶剧团团长的杨烽开始正式收她做徒弟。发现一棵好苗子非常难得，杨烽将她视为爱徒，亲自手把手地教她。在名师的引领下，她积学养气，基本工做得相当扎实。她用心看，用心揣摩，心领神会师父和长辈们的技艺。深厚的根基加上丰沛的艺术感觉，终于让她青出于蓝而胜于蓝。

这个时期，庄晏红的技艺更加突飞猛进。在她的表演中，让人感受到木偶动作的丰富、传神，她善于将木偶角色的性格特点、细腻的感情变化通过出神入化的动作技巧表现出来。

读万卷书，还需行万里路。改革开放刚开始，当时庄陈华带领弟子们，承包剧团的演出队，一个城市一个城市走着去演出。当时一帮人，推着道具，带着行头，全靠脚力行走。那个年代的艺人十分敬业，天涯路远，极少休息，走一站，演一站。庄晏红此时正值十六七岁，没有任何的其他想法，有机会可以演出就是最大的快乐，跟着父亲他们一路行走。外面的世界真精彩呀！看到了那么多不同的风土人情，她全然忘记了所有疲劳。

晚上，如果过了有旅社的地方，就要借宿农民家或是戏台上。这天，他们又在村里的戏台落脚。整个演出队就她一个女孩子，所以父亲和其他师兄弟们在一边，她一个人在另外一边。夜晚冷风飕飕，外面黑漆漆的，伸手不见五指。她的小脑袋瓜里浮现出各种小时候听过的聊斋故事，吓得瑟瑟发抖。然而，为了不打扰其他人休息，她却始终咬着牙，没喊一声。

在外行走露宿，还有个特别难受的地方，床铺上经常会有跳蚤来袭击，咬得人身上一个个大红疙瘩。换做常人，早就受不了了。然而，乐观的庄晏红啥都不在乎，她甚至跟师兄弟们一起抓跳蚤玩。

环境的艰苦丝毫不能吓倒她们，那个年代的人，心思很简单，做什么就会盯着做下去。他们的心里只装着一件事，那就是木偶。

正是在这种长期艰苦的训练和磨砺下，庄晏红成名了！她成为当地非常有名气的表演艺术家，一时风头无两。在她非常年轻的时候，就被任命为漳州木偶剧团的副团长，前途一片光明。

这时候她的表演已经炉火纯青，一招一式都蕴含着深厚的功底，形成了独特的个人风格，她操纵的的木偶既能体现人戏的唱、念、做、打，又能表演一些人戏难以体现的动作。在《大名府》中，她更是担任难度最大的角色人物表演。《大名府》演出了上万场，场场爆满，还多次为国家领导人和外国嘉宾演出。

恰逢改革开放，木偶剧团也成立了歌舞团。自幼音律、节奏感很好的庄晏红担任乐团架子鼓手，还兼任主唱。日复一日的排练、走场演出，让她倍感疲劳，可她为了完成剧团交代的任务，还是硬撑着。就在这时，她的人生又迎来了新的可能——福建省举办闽南语歌曲大赛，经过层层选拔，漳州选派她去参赛。而这一唱，她居然就从漳州唱到了厦门，再从厦门一路唱到了北京的中央电视台。各种荣誉纷至沓来，她获得了闽南语歌曲大赛金奖，代表厦门参加中央电视台青歌赛，获得"荧屏奖"并录制出版了三个专辑，她成功地转型成为一名歌星，红极一时。

此时，她又无师自通，学习了填词，继而发展到作词作曲，在翌年出版的个人专辑中，大部分闽南语歌曲都是她自己创作并自己演唱的。因为从小接受严格的艺术训练，再加上丰富的舞台经验，以及她天南地北的各种人生历练，她的歌词非常真诚、动人。

艺术都是相通的，多才多艺的庄晏红从未停止学习和探索的脚步。她早期便学习过皮影戏，并获得各种奖项。2007年，陈郑煊老师看中她，希望她能跟随自己学艺，别让这门手艺失传。目前漳州和泉州皮影濒于失传，仅余厦门陈郑煊传承。看着老人恳切的目光，她答应了。于是，她正式拜闽南皮影戏老艺人陈郑煊为师，开始传承闽南皮影戏。此时，陈郑煊老师已经是97岁高龄，庄晏红也是她的第一代徒弟。此后，庄晏红又传授给第二代徒弟叶艺芬、施立坚、游金凤。这门传统技艺守住了。

此时，她也遇到了人生的另一半。结婚后，她选择了到厦门定居。就在她要离开漳州的时候，领导找她长谈："晏红啊，你现在这么年轻就是木偶剧团的团长，前途一片光明。你现在放弃了，就什么都没有了啊。"

"我心里十分坚定，行政管理不是我人生的全部，我的生命，注定要为了艺术而不断攀登、探索。"

在厦门文联向她伸出橄榄枝后，她觉得这个平台能够帮助自己更好地从事艺术创作，于是义无反顾地放弃了一切，投奔厦门和爱人的怀抱。

厦门浓厚的艺术气息和包容开放，让她得到了很好的锻炼，让她自由地飞翔，她在厦门成长为闽南语歌后，又在这里遇到了人生的伴侣。经历过人生的巅峰、舞台的辉煌，现在的庄晏红更加关注文化的传承和发展，她更希望看到自己的学生们在舞台上绽放光彩。更让她欣慰的是，她的女儿受她感染，从小就喜欢这门古老技艺。在她的指导下，女儿现在也已经具有十分丰富的舞台表演经验，甚至在全国都已经小有名气。对于女儿，她寄予了很大的希望。一年暑假，她带着女儿自驾游，两个人驾车穿行美国。她希望带她去看看这个精彩的世界，希望女儿在她的肩膀上能飞得更远。

"我这一生所做的事情，就是在传承的基础上，不断超越。一代更比一代强，我们这一代要在先辈的基础上，将这门古老技艺传播到全国。而我的遗憾就是英语不好，我希望我的女儿和学生们能带着我的期望，将木偶艺术传播到国际。"

"超越，必须超越。我们必须尊重历史，但更应该立足现实，展望未来，木偶戏的未来光明灿烂。"庄晏红坚定地说。

这是一条自己行走的孤独旅程，与自己的内心对话，可能在这条路上修炼出更加明亮纯粹的自己，即便遭遇挫败，也不改初心的坚持；也可能，随波逐流，放弃最初的梦想。

庄晏红时时谨记师父杨烽的嘱托：要复兴木偶艺术！

很多人劝她："别浪费功夫啦！过去的东西就留在过去好了，可以放在博物馆保存起来，时代已经不需要了，有这精力不如想想怎么挣钱。"

还有人嘲讽她："年轻人都喜欢看动漫，你看看孩子们，现在都喜欢喝可乐、玩Cosplay、看欧美大片，谁还玩那些老旧的东西啊！"

更有一些不理解她的人说："她想把漳州的东西都搬到厦门去。"

曾经很烦恼苦闷，的确！很多传统工艺利润微薄，都已经没有了生存空间。传统的老字号因实在无法承担高昂的房租，不得不相继关门。人们现在言必谈创业、融资、上市，渴望一夜暴富，还有多少人关心这些传统表演艺术呢？毕竟，有些传统艺术与时代发展脱节了。

曾经，厦门同时拥有五六个专业的木偶剧场，20世纪20年代厦门就有"是耶非""金琅环""金华轩""岂其然""莫非也""大鹏园"等布袋戏班，文明戏"通俗剧社"也有木偶戏班。其中私营剧团"大鹏园"50年代改为"掌艺班"，当时的文化局1958年把剧团划给厦门艺术学校，1958年厦门艺术学校招收6名木偶班学员，该团还参加了省木偶戏汇演，却在60年代解散，至90年代末，已经没有一个真正意义上的专业木偶剧团了。

随着经济社会的发展，我们在缔造了经济奇迹之后，新兴的娱乐形式迅速席卷整个厦门经济特区，比如电视媒体和新奇的娱乐场所，给传统的歌仔戏、布袋木偶戏带来很大的冲击。

然而，作为一名闽南的女儿，作为一名木偶戏传承人，她十分热爱闽南文化，为传统文化的传承深感焦虑。这些都是老祖宗留给我们的宝贝啊！它们在当下的时代依然有深厚的文化价值。闽南人骨子里那种不断开拓和进取的血脉，在她身上流淌着、延续着。为保护和传播闽南文化，她和她的团队做了大量的工作，比如，积极地参与各种非遗进校园、进社区的活动；在鼓浪屿海天堂构举办"闽南皮影戏展演"；赴台湾地区参加"台湾云林国际偶戏节"演出；在厦门何厝小学开设闽南皮影戏兴趣班……各种没有任何收益的活动需要大量的时间精力，她只为了能够将老祖先留下来的好东西传承下去。

传 承

通过采访庄晏红老师，我们才知道在那个光影拂荡的木偶盛世，厦门曾经拥有一位宗师级别的木偶大师——杨胜，他也是庄晏红父亲——庄陈华的师父；而杨胜的次子，享誉国际偶坛的木偶大家——杨烽，又是庄晏红的师父。

杨胜大师的故事可谓传奇。

传说在几百年前，有一个木偶剧团乘船出海演出，途中遭遇风浪，船被打翻，幸好漳浦佛昙的渔民发现并救起了他们。木偶艺人在渔村休养、演出数月，也顺便将木偶表演技艺传授给了当地渔民，于是在漳浦佛昙一带木偶戏盛行，艺术人才辈出。在这样的土壤中，孕育出杨派第四代传承人中国木偶大师——杨胜（1911-1970年）。

从杨胜的曾祖父起，四代都是木偶戏演员，出生于布袋木偶戏世家的他由于家传，从小耳濡目染，7岁学艺，13岁时已能挑起舞台大梁重任，14岁便有"孩子头手"的美称，是福建北派布袋木偶艺术的杰出代表，也是新中国成立以后第一位采用现代教学方式传授布袋戏的艺术教育家，成为当代布袋木偶戏表演基本模式的奠基者。先后被选为全国文联理事、中国戏剧家协会理事等，两次获得全国劳动模范，被苏联聘为苏联戏剧家协会名誉会员。

杨胜的曾祖杨乌仙的木偶表演艺术在台湾和闽南地区颇有名气，有"木偶状元"的美称，父亲杨高金也被漳浦百姓封为"戏状元"，是当地的木偶表演名家，常受邀到厦门同安演出。旧时艺人出门演出都用箩筐装道具和服装，杨胜的父亲就挑着一根扁担，一头的箩筐装着木偶和服装，另一头的箩筐装着还在牙牙学语的小杨胜，四处走演。父亲走到哪就把他挑到哪，演到哪，从杨胜记事起，眼里看到的就是形态各异的木偶和舞台的场景，耳里听到的都是演出时的锣鼓声、观众的叫好声。木偶就是小杨胜的玩伴，木偶戏台就是他心中的整个世界。

三四岁起，小杨胜开始担任父亲的演出助手，在戏台旁边为父亲递道具，演出完毕，他就为父亲泡茶，铺上草席让父亲休息。有时候，父亲演出累了，就坐在一旁抽旱烟，让杨胜上台表演。观众们看到小杨胜有模有样的演出，叫好不断。7岁时，杨胜开始在父亲教导下学戏，由于父亲的督促，加上自身刻苦学习，10岁时杨胜就可以当父亲的二手，正式学戏。13岁时已能娴熟运用杨家木偶表演，挑起舞台大梁重任，人称"童子师傅"。到了14岁，便可以自己当头手，独闯天下。

当时，布袋戏的观众主要是沿海一带的劳动人民，有时候也去有钱人家演"堂会"或者社戏，所以杨家父子经常在同安一带演出。一次演出结束后，杨胜照例为父亲铺好草席让他休息，却没注意到草席下有一粒小石子，父亲躺下后被石头硌到了后背，性格急躁的父亲气得爬起来，用旱烟袋追着杨胜就打。杨胜见状，拔腿就跑。

杨胜一路不停地奔跑，一直跑到集美灌口的一个湖边，觉得父亲已经追不上了，这才一屁股坐到草地上。他心里十分委屈，自己十分孝敬父母，也一直遵从父亲的教诲，不过就是没注意一粒小石子，父亲何必那么生气。杨胜心里寻思：那个家是不能回去了，父亲从来说一不二，我要回去他可能会打死我。

"可是，我能去哪呢？"他陷入了对未来的迷茫之中。

杨胜漫无目的地走在街上，又累又饿。就在此时，他看到街角有个戏班子在表演布袋戏，围了一圈人，掌声、笑声不断。他一眼就认出那是父亲一个老客户的戏班子，小时候他经常随父亲到他家里演出，时间久了变成了朋友。

"不如，我就先去投奔他吧！"杨胜计划先跟着戏班子表演一段时间再做打算。

说明来意后，老客户高兴得不得了，他正缺一个主角，这个突然出现在眼前的"童子师傅"似乎是上天送到他面前的礼物。随即，他给杨胜的父亲写了封信报平安，就把杨胜留在身边表演木偶布袋戏，杨胜也就在同安扎下根来。

俗话说，"台上一分钟，台下十年功"，别看小小的木偶舞台只有几尺宽，里面却是大大的天地。杨胜从未放松过对自己的要求，即便成名后，也依然坚持练功，日复一日。由于长期在同安和灌口进行演出，表演技艺得到不断的磨练。加上长期和老百姓在一起，杨胜从群众和生活中汲取了很多智慧和创作灵感，通过不断感悟，不断提升，并且通过表演互动得到反馈，杨胜的表演更加精进。

杨胜的木偶表演，富有京剧韵味，善于刻画人物性格，节奏感强，舞台动作明快，尤其擅长武打戏和抒情戏。双手能同时表演两个思想、性格截然相反的角色。在经典剧目《雷万春打虎》中，他先后操纵五个木偶，创造了五个不同的形象，这种一心二用或多用的表演技艺是其他剧种的演员所望尘莫及的。在《蒋干盗书》中，他也能把周瑜、蒋干的对手戏演得十分准确和深刻，连素有"活蒋干"之誉的京剧名丑萧长华看了他的演出后也大为赞赏。

看到杨胜如此受到欢迎，当地老板竭力想将他留住，便介绍他在当地一户富裕人家入赘。成家之后，他平日里还是以表演布袋木偶戏为主。后来由于战争爆发，不允许演戏，布袋木偶戏的生计才不得不停了下来。然而，杨胜仍不愿意放弃自己最热爱的木偶戏，有空就在家里练习。

"那堆破木偶，能当饭吃吗？"杨胜自幼从事木偶戏表演，不擅长其他营生，家里长辈觉得他没法给家里带来更多收入，对此说了很多冷言冷语。

杨胜继承了父亲的刚烈性子，实在难以忍受，加之感到英雄无用武之地，便与这户人家讲清楚，今后各自过各自的日子。之后，便回到了漳浦。离开的前一天晚上，杨胜默默整理着行囊，除了那些木偶，其他什么都没带走。他回想着自己从14岁到33岁一直生活、演出的同安，十分不舍，然而，只要有这些木偶，便觉得还有希望。回到老家漳浦后，杨胜在老家再次成家，育有杨亚州、杨烽、杨辉和杨煌兄弟几人。

随着新中国的诞生，文艺事业百花齐放，已届不惑之年的杨胜也在国家的支持下创造出一片新的艺术天地，他更加致力于布袋木偶戏的探索，进行了一系列重大改革，奠定了当代布袋木偶戏表演的基本模式。在过去，布袋木偶表演仅局限于上半身，下半身没有动作。杨胜为木偶穿上彩裤，配龙头靴，模拟京剧台步，设计了木偶的走路动作，表演更为逼真。他对舞台、道具、操纵方面进行了脱胎换骨的改造。把舞台加宽至一丈六尺，木偶增高至一尺二寸。这样一来，既增加表演的木偶数量，表现更为广阔的艺术场面，也容纳了更多的观众。杨胜又改演员坐式操纵表演为立式操纵表演，这就解决了演员操纵木偶的间接传递表现难题，达到演员、木偶、角色三者感情和动作的一致。至此，杨胜的木偶表演已经炉火纯青，成为当时全国闻名的木偶名角。

杨胜一生的时间都献给了中国的木偶艺术，曾在罗马尼亚首都布加勒斯特举行的第二届国际木偶和傀儡戏比赛联欢节上荣获一等表演金质奖，将布袋木偶戏推向世界木偶艺术的高峰。杨胜大师曾经受聘为北京中国木偶剧团教授，后又回到福建漳州创办了漳州木偶艺术学校，为国家培养了近百名优秀木偶演员。郭沫若到鼓浪屿考察郑成功纪念馆的时候，杨胜为其表演布袋木偶戏。郭沫若大为赞赏，为杨胜题词："创造偶人世界，指头灵活十分，飞禽走兽有表情，何况旦生丑净。解放以来出国，而今欧美知名，奖章金质有评定，精上再求精进。"

1960年9月杨胜随同中国木偶艺术团赴罗马尼亚布加勒斯特参加第二届国际木偶傀儡戏联欢节，他与陈南田主演的《大名府》《雷万春打虎》双获表演一等奖，各得金质奖章一枚。他先后四次出国献艺，到苏联、捷克、罗马尼亚、法国和印尼等10多个国家访问演出，每到一处都受到热烈欢迎和高度赞赏。在苏联，他还被聘为苏联戏剧家协会名誉会员。

杨胜致力于培养新生力量，是新中国成立以后第一位采用现代教学方式传授布袋戏的艺术教育家。杨胜大师曾经受聘为北京中国戏剧学院教授，后来这批木偶学生毕业创办了中国木偶剧团。尔后，他又回到福建漳州创办了漳州木偶剧团，并在漳州艺校任教，任木偶科班主任，先后为漳州、黑龙江和福州培养近20位布袋木偶艺术人才。

杨派后人大多继承木偶事业，而且在杨胜的影响下，积极参加对外文化交流，并最终将木偶艺术传播到了世界各地，享誉国际偶坛。杨胜长子杨亚州是木偶头雕刻大师，长孙杨斯颖是思明区木偶雕刻传承人；杨胜次子杨烽，曾任中国木偶皮影协会副会长、福建省戏剧家协会常务理事、漳州市木偶剧团副团长，1991年旅居美国，是享誉世界偶坛的表演大家；杨胜三子杨辉旅居法国，在欧美开设剧团，招收徒弟，被瑞士等国家的木偶剧团聘请担任导演，也是世界级木偶艺术家；女儿杨瑞兰定居漳州，擅长制作木偶戏服饰。杨家第七代传承人是中美混血，四岁就登台表演木偶戏。

其中，杨烽是布袋木偶艺术表演全才，生、旦、净、丑各类角色都能表演得惟妙惟肖，神形兼备。同时，他在创作上、创新上也有卓越的成就。漳州木偶艺术在他的推动下，20世纪80年代初就引进了电视制作，拍摄了多部电影、电视剧。

出国后，杨烽与美国木偶艺术家卡特夫妇成为好朋友，他们一同创作了《白蛇传》《水上木偶》《西游记》等十余部形式新颖的木偶剧，在全球30多个国家演出，受到国际偶坛的极高赞誉。杨烽被评选为国际木偶协会会长，在多国开讲座。因为语言文化差异，杨烽在编导剧目时，有意减少台词，有的木偶剧接近于"默片"，仅通过惟妙惟肖的动作让观众心领神会。也因此，他的作品世界各地的观众都能看得懂。国外许多媒体都曾报道过杨烽，称赞他的表演"令人惊奇""无人能及"。

杨烽女儿杨燮铮，是漳州木偶艺校1992届毕业生，1994年出国，跟随其父亲从事木偶表演。长期定居美国的她，已十分适应国外的生活习惯。但难能可贵的是，她一直从事着漳州布袋木偶艺术的传承、推广工作，从未放弃。杨亚州老先生告诉笔者，杨爕铮初到美国时人生地不熟，寄居在父亲的好友、木偶表演艺术家卡特夫妇家中，边学习英语，边从事木偶表演。卡特夫妇的儿子德米特里那时正在大学选修中文，二人互帮互助。因为怀着对木偶表演艺术的共同热爱，两个年轻人的感情日渐笃厚，1998年结为夫妇。德米特里现为国际木偶协会委员，夫妇二人在美国西雅图共同经营"西北木偶中心"，可谓志同道合。

在美国，他们拥有一个"西北木偶中心"，占地4000多平方米，是一个集演出、展示、收藏为一体的木偶艺术中心。有一个可容纳150多名观众的剧场，一个收藏有3000多本书的专业木偶图书馆，还收藏了数千个来自世界各地的木偶。目前，"西北木偶中心"也是美国藏品最丰富的木偶博物馆。

更加有意思的是，杨爕铮与美国木偶艺术家卡特夫妇的儿子德米特里因木偶结缘，结为夫妇，他们的儿子弗朗西斯科·卡特生而喜爱木偶艺术，有着极强的表演和语言天赋，会英语、中文、日语，四岁就登台表演外公编导的《小猴钓鱼》。他不仅会表演布袋木偶、提线木偶、杖头木偶、皮影，还会双手操偶。已经成为杨家第七代木偶传承人，是家族演艺事业的得力助手，也是中西木偶艺术融合发展的奇迹。

一代代木偶人在闽南地区执着地坚守，艰苦地奋斗，也培养了一批批优秀的传承人。其中，作为杨派木偶第六代传承人的优秀代表，庄晏红一直谨记老前辈们的教导"清清白白做人，认认真真演戏"，将木偶艺术更好地传承下去，走出更加灿烂光明的未来。

庄晏红不断地总结思考，木偶被誉为戏剧的源头，是一门国际的艺术。在泛娱乐化时代，新的娱乐方式层出不穷，在经济飞速发展的经济特区——厦门，木偶已经断层了几十年，想要让这门古老的艺术重现辉煌，必须培养接班人，并重新培养大家对这门艺术的热爱，这样才能在生活中不断被喜爱，才能活下去。

她四处奔走，不厌其烦地跟大家沟通，她要把这个国际一流的传统艺术让更多的人看到，更好地传承。2012年厦门艺校继1958年之后招收了第二批学生，16名少年开始了新一代的传承，庄晏红任木偶专业老师。

木偶戏是一个综合性艺术，庄晏红认为需要系统性地学习表演、制作、创作等方面的内容，全面掌握并具备木偶雕刻、道具制作、服装制作的基本技艺，成为能表演、会创作、善制作，具有优秀综合素质的布袋木偶戏演员。于是，她把父亲庄陈华请来担任授课老师，也把杨胜的长子杨亚州老师从漳州请到厦门来进行授课。

杨亚州，1948年9月出生于漳州著名的布袋木偶戏世家，国家级非物质文化遗产项目木偶头雕刻第二批省级代表性传承人。他先后受聘任教于漳州侨中、福建省艺校、上海戏剧学院和厦门艺术学校，担任木偶雕刻教师，多年来培养了无数的弟子。同时，他还是第一位受邀在法国国家艺术中心教授木偶雕刻的中国人，在木偶雕刻继承传统和发扬光大上，起到了承上启下的重要作用。

木偶雕刻也是绝对容不得马虎的事，杨亚州雕刻木偶不画草图，创作全凭临场动心起念，刀起屑落，生、旦、净、末、丑、神仙、动物等形象，便被刻画得形神兼备、韵味十足。美国西雅图大西北木偶剧院、法国TJP木偶剧院都曾约他刻制木偶头。

一个木偶头作品，除选材外，还要经过开坯、雕刻、修光、打磨、补隙、刷泥、开脸、装饰等10多道工序，仅打磨和刷泥两道工序就要反复好多遍，每个环节都丝毫不能马虎。一个完整的普通木偶作品要两三天才能完成，复杂一些的则需一周甚至更长的时间，雕刻木偶，更是在雕琢人生。

六年寒暑，学生们日夜苦练，一点点长大。老师们精心地设计了课程大纲和教学内容，除了传授技艺，也十分关注培养学生们的艺德，时时以身作则，为学生们树立榜样。在科学先进的教育理念指导下，学生们青出于蓝，在各类全国性比赛中获得佳绩。临近毕业，2012级木偶戏表演班的16名学生经过为期一个月的的紧张刻苦排练，向家长、老师和全国各地艺术院校的同仁们展示了他们的青春风采和六年来的华丽蜕变。汇报演出包括了木偶功、戏曲基本功、话剧、影子剧以及木偶戏传统经典剧目，演出获得全场热烈掌声。老师们看着舞台上孩子们的精彩呈现，回想着数年来的点点滴滴，见证着孩子们的稚嫩一点点退去，变得越来越成熟，激动得眼泪纵横。

艺校木偶专业的开班，标志着木偶复兴计划迈出了坚实的一步。

除了培养学校的学生，他们还十分注重技艺的传播与推广，一心想让这门技艺"后继有人"。他们积极进社区、进学校，长期与何厝小学、思明第二实验小学等合作，组建兴趣小组，教学内容上加以创新，提高学生的参与度和学习热情。例如，布袋木偶戏有一个经典的剧目是《拔萝卜》，他把六名学生编为一组，让学生自己动手雕刻剧目中的木偶道具：小兔子、小猫、小狗、萝卜……木偶雕刻完成后由学生按角色自己表演，由于生动有趣，参与感强，学生们都很喜欢，取得了非常好的效果。

在庄晏红的努力下，现在他们已经组建起了一个团结奋进的团队。其中，包括杨胜的长孙杨斯颖。他在父亲杨亚州和庄晏红等前辈的培养下，已接力成为杨家"福春派"布袋木偶戏第六代传承人，亦是厦门市思明区区级非遗传承人。杨斯颖和父亲杨亚州都很喜欢厦门，对气候饮食都很习惯。而且，他们认为，厦门是一个多元的国际化都市，可以更好地把木偶艺术传播出去，所以便坚定地选择了留在厦门。目前，他们一家已在厦门扎根，借助厦门的地理优势及适宜的人文资源土壤，坚守着祖传的木偶技艺，潜心打磨，不断创新，希望能振兴木偶艺术，让其重新绽放出光彩。

作为新一代，杨斯颖对布袋木偶戏和木偶头雕刻有着自己的见解。他深入研究过台湾地区的"霹雳布袋戏"，探索它在厦门生根开花的可能。"霹雳布袋戏"是20世纪就已开始风靡台湾地区的大型奇幻武侠电视剧集，它将传统木偶戏与最新3D尖端光影科技相结合，打造独一无二的"偶动漫"，让人仿佛置身于二次元与武侠世界的异想之境，深受年轻一代的喜爱。

杨斯颖觉得其能得到年轻人如此广泛的喜欢，与题材的现代化和形象的动漫化密不可分，加上他多年在影视、新媒体行业沉淀的优势，他很有信心能够开创一些新路子。然而，他也很清醒的认识到，前路并不轻松，他打算用一生的时光去探索。

"现在国家和社会都很重视传统文化，非遗传承人也越来越受到重视，我感到很自豪。我们正在尝试推动一个木偶复兴计划，打算以厦门这个国际化城市为窗口，打造一个向海内外游客宣传介绍本地优秀非遗项目的平台，再创作一部优秀的木偶戏，建一个木偶大观园……"杨斯颖说，这是他们共同的梦想。

一缕一缕的阳光透过窗棂照在雕刻桌上，随着杨亚州老先生雕刻的手势不断上下跳动，仿佛在他手指间弹奏着一支旋律欢快的曲子。老先生手中的木偶头像猪八戒沐浴在阳光中，显得更加憨态可掬。老先生一边雕刻着木偶头，一边满含深情地说："我多么希望我们后代的玩具不再是奥特曼、蜘蛛侠，而是我们的传统木偶——可以是我们三国里的英雄人物、《红楼梦》中的十二金钗，也可以是《西游记》中的齐天大圣……让孩子们都真正爱上我们的传统文化！"杨亚州老先生对此充满信心。

"对的！你看我们的木偶多么精致漂亮。我们正在尝试创作一部现代偶剧，准备做一次大胆的创新尝试，使它与当下人们的生活紧密结合，创造一些新的可能性。我们还要争取让它走上国际舞台，让全世界的人们看到中国木偶的新姿态。"庄晏红眼里闪烁着亮晶晶的光芒，就像夜空中璀璨的星辰。她眼里充满了期待，甚至因为激动而微微湿润，这份真挚感染了在场的所有人。

TIPS：
【厦门市弘晏庄木偶艺术馆】
地址：曾厝垵文创商业中心A4栋
电话：0592-2068668

虚静

天地有大美而不言。

——《庄子·外篇·知北游》

供养烟云

【陈建兵】

人物简介： 陈建兵，男，法名觉本、宜如，毕业于福建师范大学，现为国家级非物质文化遗产代表性项目"福建香制作技艺（闽南天然香制作技艺）"保护单位厦门市妙吉祥制香技艺传习中心负责人、省级"非遗"代表性传承人、厦门市香道研究会会长，创办了妙吉祥香道师职业培训学校、妙吉祥制香技艺传习中心。

相关链接：【传统香制作技艺（福建香制作技艺）】闽南天然香制作技艺发源于同安。南宋理学大家朱熹在同安县任主簿时尤为爱香，所作《香界》一诗广为传诵。民国版《同安县志》记载，朱子游览同安香山时曾作上联"香香两两"，至今无人对出下联。闽南天然香制作技艺，采收天然香草香料，因人因时而设计香方，配伍炮制香材，捣碎研磨，和合成品，又收入瓷缸，窖藏数日，做成香品、香丸及香饼等，经阴干或烘干处理，窖藏后使用。制成品具有驱疫避秽、安神助眠、改良空气等功效，还可以纾解压力、提振精神。闽南天然香制作技艺是闽南人在长期生活使用的历史进程中，采用当地香料，逐步形成的一整套完整独特的传统技艺，很能体现闽南人优雅的生活品质和精神气质。

盛夏荷月，跨过车水马龙的海沧大桥，挥别热闹喧嚣的现代化都市，与设计师雪莉姐驱车前往海沧区院前社，探访传统香制作技艺（闽南天然香制作技艺）项目省级非遗传承人陈建兵先生。

沿着马青路一直往前，身旁景致渐次变化。一幢幢高楼越过身后，路上的车辆和行人逐渐变少，随即出现了一排排绿得化不开的行道树，再往前，房屋开始变得低矮，视线愈发开阔。

一块"院前社"的木牌出现在眼前，这就是陈建兵老师传习中心所在的地方。院前社声名远扬，这里不仅是"美丽厦门·共同缔造"行动的典范社，也是一个富有文化气息的村庄，更凭借国内首个闽台生态文化村和厦门市"休闲农业示范区"的优势，成功入选了厦门新二十四景名单，吸引了大批中外游客到此参观。这到底是怎样一个藏龙卧虎的神奇村庄？我带着满心的好奇和疑问。

循着蜿蜒的水泥路一直向前，路面干净整洁得看不到任何一点垃圾。路两旁有枝繁叶茂的榕树、坠满龙眼的果树，间或是一丛丛各色艳丽的花朵，仿佛行走在一幅盛夏的油画图景中。一块块规整的菜地种满了生机勃勃的绿色蔬菜，翠嫩欲滴的叶子迎风舒展，红色的辣椒明艳艳地挂在枝头。在宁静中，仿佛能听到植物拔节的声音，间或加进一两声蝉鸣或蛙声，让久居都市的我们重新感受到乡野中盛夏的况味。

抬头看是瓦蓝瓦蓝的天，环顾四周，村落里的红砖古厝和农村生态景观保留完好，几栋闽南传统红砖古厝安静地驻立在夕阳的柔光中，在山脚，在田野间，在蓝得透明的天空下。与钢筋水泥构成的城市全然不同，富有生机的乡村气息扑面而来。

此时，天空突然下起一场小雨，夏天的雨说下就下，停得也快，就像小孩子善变的脸。按照导航来到一栋古厝前，只见一位白衣飘飘的清瘦男子拿着一顶斗笠，站在路边等候，这就是隐居在院前社的陈建兵老师。

这样的出场方式真是很有意思。从未到过闽南乡村的雪莉开心得像个小孩子，一下车就接过斗笠戴在头上，兴奋地站在古厝前的院子里，仔细欣赏闽南传统古建筑。我则在陈建兵的指引下，将车停到路边。下了车，我也接过斗笠戴在头上，陈建兵则很有个性地说自己不用戴，淋点小雨没关系，习惯了。

海沧院前社闽南香非遗传习中心（陈建兵供图）

古厝上的香炉石雕（陈建兵供图）

走进海沧院前社闽南香非遗传习中心，陈建兵热情地为我们介绍他的非遗传习中心，这栋闽南传统红砖古厝始建于清代同治时期，古厝大门两侧的青石窗花上，精工雕刻着一对栩栩如生的香炉图样，从中似乎在不断地涌出一股股清新自然的本草芳香。他特别为我们介绍了院子里左右两侧立着的两株龙眼树，郁郁葱葱的树叶里，小小的果子探出头来。

"长得很旺盛，每年都会结很多龙眼，到时候你们来品尝呀。咱们就在院子里这棵树底下搭张桌子，还可以品尝到我们院前农家餐厅的百年番鸭手工面线、自制干煎黑豆腐、院前五香卷、特色海鲜卤面、野菜肉羹汤等地道农家菜，很美味的。"说完他哈哈笑起来。

三个人一边说话，一边往里走。他接过我们取下的斗笠挂在木门后的墙上。这时，我们惊讶地发现在墙边柜子上，他用药材抽屉做成一个时尚的展览装置，在一个抽屉里躺着一只毛茸茸的小猫，一动不动。我忍不住想伸出手摸一下，看看是玩具还是真猫。这时候，小猫水灵灵圆乎乎的大眼睛滴溜转了一下，却依旧趴在柜子上一动不动。

"它们一点都不怕人。有很多只，我收留了它们，在这里住了很久了。"陈建兵说这些话的时候，有点像在介绍自己的一位老朋友。

穿过内照壁，继续往前。据他介绍，像这样历经上百年风雨的古民居，这个村庄还有30余座，每一座古厝都在院子旁边立有相应的说明，记述了该建筑的主人轶事、历史风貌、建筑沿革等。其中一栋叫作"大夫第"的古民居打造成了国学讲堂，周六周日定期都有国学老师过来授课，既保护了古厝，又带动了美丽乡村旅游业的发展。

设计师出身的雪莉连连赞叹红砖古厝的造型和色彩，具有动人心魄的美，她更细心地发现，这座古厝上的木雕、石雕和砖雕的装饰中，以香为题材的雕饰随处可见。陈建兵来到这里之后，将原本荒废的老宅子重新进行修整，拾掇得清清爽爽，引入闽南传统香道文化，并设立了展览厅和研学教室，使这座古厝重新焕发出生机。

随着陈建兵的介绍，我们开始慢慢了解院前社的情况。青礁村院前社隶属厦门市海沧区海沧街道，地处厦门和漳州交界处，被马青路和角嵩路环抱，位于国家AAAA级景区青礁慈济东宫对面。这里是保生慈济文化的主要发祥地，所在的青礁村也是"开台王"颜思齐的故乡。每年，院前社对面的慈济东宫都会举办大型的"海峡两岸保生慈济文化节"，汇集蜈蚣阁、威风锣鼓等闽台两地特有的民俗表演，吸引数万名两岸信众前往祭祀、祈福，此外还会举办保生慈济义诊、养生美食庙会等富有特色的两岸文化交流活动。

"除此之外，我们院前社还定期举办国学讲堂、幸福老人院、幸福学堂、青少年假期体验营、青少年夏令营、艺术绘画采风等。总之，活动很多啦！"

院前社打造美丽乡村之前，村民的主要经济来源是种菜和务工，村里比较贫困，青壮年村民对村庄发展没有信心，大都外出打工，这个村庄成了"空壳社"，也因此被列为整体拆迁村。直到2014年，经过全社村民的共同努力，院前社成为海沧区重点打造的试点社。"我十分喜欢这里，所以当时他们跟我一说，我就马上同意到这里发展，参与美丽乡村的建设和提升。"

进入里间茶室,在长条木凳落座后,他用老式铁壶烧了一壶水,并从一个紫砂罐里找出自己喜爱的白茶,为我们煮茶。在交谈中,我们了解到,陈建兵出生于同安一个农民家庭,从祖上算起,制香的传统手艺已经传承了百余年,到他算是第五代。从小,他就是个特立独行的孩子。在学校里,他特别喜欢上语文课,喜欢传统文化,其他课程就应付应付。在他的记忆中,他中学时代的语文老师对他影响特别深远。看到陈建兵在语文上的天赋,老师特批他不用跟着课程进度上课,可以按照他自己的进度看一些自己喜欢的书。于是,他找了很多天南地北的古书,到村里的榕树下听人讲古代传说,陶醉在古书及传统历史人物的故事里。

他的青年时代是在部队里度过的。在部队当过宣传干事,每天拍照、写文章,深得领导和战友们的喜爱。在纪律严明的部队,他依然能够有一片自己的小天地,怡然自得。退伍后,他到当地一家银行上班。凭着那股子聪明机灵劲儿,工作干得风生水起。领导很器重他,也有意培养他。

在父亲的观念里,制香的手艺难以糊口,父亲希望他能稳稳当当地在银行一直干下去,挣钱养家。但到了2006年,特立独行的他为了保住逐渐失传的天然香制作技艺,毅然辞去银行行长的职务,重拾制香技艺,一肩扛起传承的使命,成立"妙吉祥"香道品牌。

辞职让陈建兵几乎"净身出户",一没资金,二没经验。他不得不自己调配香方、磨粉做香、做宣传、送货、研究香方香谱等,把一个人变成了一个工厂。每天坚持不懈全身心地投入,终于让"妙吉祥"香品打出市场,先后被评为厦门市著名商标、福建省著名商标。10年前，他从令人羡慕的银行岗位辞职，全身心地投入天然香事业；10年后，他成为"闽南天然香制作技艺"非物质文化遗产项目的代表性传承人。

问起他为何决定投身这个传统行业，他郑重地说道："我们闽南自古有用香的传统。我当时退伍回来之后，看到市面上有些制香的小作坊，都用成本低的化学原料，这对身体很不好。我当时心里就想，我一定要重振天然香制作技艺，倡导一种健康、天然的生活理念。"

喝了一口刚煮出来的白茶，看到背后药材柜子上用清秀的毛笔字写着各种药材的名称：奇楠、崖柏、柏子、细辛、红景天、牡丹、香叶、木香、紫草、麝香、泽兰、佩兰、茵陈、辛夷、朱砂、紫檀、香茅草、迷迭香、菖蒲、木兰、玄参、郁金、大黄、甜叶菊、紫苏、香薷、山奈、排香草、合欢……优美的字配上富有诗意的药材名，仿若一首富有韵律的诗歌。

"这都是你写的吗？"我问。

"是的。我从小就喜欢写毛笔字，一开始就自己练。逢年过节，我还能为村里人写春联，大家都挺喜欢的。"说完他腼腆一笑，接着说，"我还是中国书法家协会的会员，平常都不爱去宣传这些。"

这些药材都是制作天然香的原材料。大自然中，各种花果叶、树木根茎、种子等都有独特的香气。当置身其中，人们闻到各种不同的香气，香气自口鼻入，从毫毛孔和毛细血管通达肺腑，身心在不知不觉中就能被疗愈。说到香，陈建兵眼睛开始发亮，打开了话匣子。

"我国先民们自古就有调香、制香、用香的习惯，以草药入香，以气味养心。香药同源，香，是一剂调养身心的良药。"陈建兵说，中国香文化走过了数千年的发展历程，从汉唐的兴盛到两宋时期的广泛流行，以及明清两朝的普遍运用，各个时期的文人雅士及各种民间习俗主理人、宗教信仰人群，对香都有一定的喜好，并且有过一系列精细化、系统化的研究和利用。"当前社会了解天然香的人不多，而人们对天然草木和泥巴的喜欢却是与生俱来的，将两者相结合，带动大家'玩'带有天然草木芬芳的泥巴，也就能相对轻松地唤醒人们对香的喜爱，让好香重新走入寻常百姓家。"

天然香有一整套特别的制作工艺和流程，包括应时采收各种天然道地本草香料；因人、因时、因事以君、臣、佐、使为原则设计香方，并对香材进行甄选调配；对调配好的各种香料进行炮制、研磨和搅拌；以净水或必要时选择炼蜜，调匀、和合、挤压制成各式香品；香品经阴干或烘干处理，再收入瓮缸窖藏；经过一段时间窖藏的香品，香气更加醇厚，可以驱疫避秽、清心怡情、安神助眠、净化空气。天然香制作的各项工艺流程繁琐，制作技艺专业性很强、工作强度大，调配技艺讲究。特别是在化学香占整个用香市场多数的今天，大部份用香者对天然香的认识相对较少而只追求低价位香品，天然香的销售相当不乐观，从事天然香工作的人员收入较低，导致愿意投入精力和时间来学习和工作的人才稀少，并且越来越匮乏。然而，特立独行的他就偏偏选择在这条路上死磕到底。

制作天然香最关键的便是原材料和合香工艺。好的香料难得且价格昂贵，即便同一种香材，批次不同，味道也有差异。千百年来，沉香树被人无序砍伐，珍贵的天然资源愈发稀少。加之目

陈建兵书法作品（陈建兵供图）

前沉香被艺术品界和投资界广泛关注，使得好的沉香料更加稀
少。此外，好香的主要形态是卧香，做好香的机器不能与其他香
混用，而且要求必须沉淀一段时间使其醇化。以上种种都使得制
天然香的成本高昂，市面上一些逐利的商家往往以次充好，能坚
持使用天然香的都需要一些情怀。至于合香，简单来说就是几种
或者多种香料合在一起调试味道，这非常考验功夫。

　　"分拣清理，是将所采摘的草药一一分类，清除杂质和无
效成分；调配炮制，是根据草药的特性配以适当的处理方式，
或蒸或煮，或炒或晒，等待着时光为它们带来一次升华；捣碎
研磨，根据香材的用途，施以足够的力道，将其研磨成细末
状；挤压成型，根据设计好的香方，各取适量的香材，以净水
合制成各式香品。"陈建兵介绍，香品在挤压成型前的准备工
作是调配，类似于中药调配，较为繁琐，而调香、制香和用香
正是体现中国香道的核心部分，也是需要"非遗"传承人口传
心授的重要内容。"香是表现形式，道是心行轨迹，香道则是
通过天然香的载体来表现内在的心行，并让心行朝着人格完善

的方向发展。因此，香材的选择与中草药一样，讲求道地与制作工艺，不同的香料，调配方法不同，气味、功效以及带给人们的精神感受自然也有所不同。"

我们听得如痴如醉，他突然话锋一转，跟我们说："其实我爱好很广泛。除了做香和书法，我还喜欢摄影，喜欢设计。平常他们宣传用的很多照片，其实都是我自己拍的。还有啊，你看这个。"他从身后柜子里拿出一个包装盒，展示给我们看，"这是我自己设计的包装盒，你看，完全不需要使用任何胶水，用巧妙的设计使得它能够折叠成一个盒子。我们'妙吉祥'的品牌一直都是倡导健康、天然的理念，所以，连包装盒我都自己设计，完全贴合我的品牌理念。"在与雪莉探讨完包装盒设计的理念后，他转身进里屋，拿出了十分专业的单反相机和三脚架，帮我和雪莉拍了一张合照。

用他的话说，他不管是摄影、书法还是设计包装盒，都完全出于"好玩"。看着这些富有古意的物件和书法作品，我不禁感慨，正是因为保持着这样一份赤子心，才能让他保持着对世界和生命的敏感，虽然隐居在偏远的院前社，他却能在这数味药材中，品味着世味及人生。

对于非物质文化遗产，陈建兵也有自己独到的理解。世代相传的活态文化遗产，不依赖于物质形态而是突出其非物质的属性，以人为本，注入传承人的精神，并且赋予它新的生命。

多年的坚守终于结出来可喜的果实，各种荣誉纷至沓来。厦门市妙吉祥制香技艺传习中心被评为福建省著名商标、厦门市著名商标、省级旅游观光工厂、厦门市科普教育基地，开办有目前国内香行业惟一具备国家合法办学许可和独立法人资格的正规香道师职业培训学校和传习中心……这项技艺融合宗教艺术、民俗生活和中医药养生，其所积累的诸多经验具有一定的社会文化价值、社会经济价值和生命科学价值。

然而对他来说，这些都不是特别重要。被评为省级非遗传承人后，陈建兵全心致力于香文化的传播，先后创办了妙吉祥香道师职业培训学校、妙吉祥制香技艺传习中心、"香+"公益读书会等。他积极带领保护单位面向社会、旅游团体、学校等，免费开放旅游观光、科普教育、制香体验。通过以工厂风貌、工人工作场景等为主要旅游吸引项目，让社会大众详细了解品牌背后的故事，体验天然香生产工艺流程，也为企业多元文化发展的转型升级提供新的路径和选择，并且不断总结和规范自身的建设与服务，提升观光工厂旅游产品的档次与内涵，丰富和完善作为观光工厂的旅游产业链条，促进香道在旅游观光产业中的健康快速发

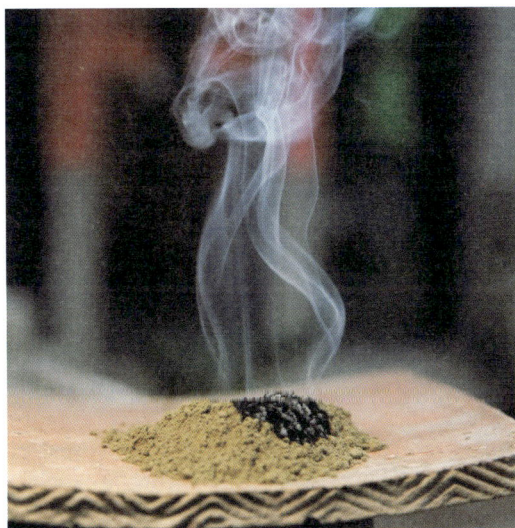

天然香（陈建兵供图）

展。让更多的人知香、爱香，也进一步通过香道，感受生活的美好与真谛；同时培养更为专业的香道师资队伍，让更多的人正确地传播香道文化，让香品市场规范化，从而更大范围地减少化学香对人们身心的危害。

说话间，到了傍晚时分，他送我们出门。他收养的一只黄色的泰迪小狗蹦蹦跳跳跟着一起欢送我们。来到池塘的水车前，小黄狗撒欢地跑开了。他感慨地说："这几年，我们院前社生态环境变美了，经济收入变高了，村民的心变齐了。我就喜欢住在这，懒得进城。"

一步步走来，陈建兵有意无意间把香道非遗文化和观光旅游产业进行融合。每逢节假日，在这个古村落红砖赤瓦的衬托下，市民群众、院校学生前来参观的身影络绎不绝，制香体验、香道教学、本草香药科普等项目让大家受益匪浅。而陈建兵总是一袭白衣、一身香气，微笑地站在那里。古厝、村落和传统香制造技艺就像年逾古稀的老人，而生活于新时代的人们带来创造性发展，用今人的青春与活力重新赋予了它们以青春。人和村落、人和传统手工艺完全融为一体，他们是静谧的、沉稳的，富有深厚的历史感，但它们也是开放的、时尚的，蘸满活泼与激情。

一脉心香承接古今，联通天地，也让人的生命在互联网时代得以灵性地栖居与舒展。

TIPS：
【厦门市妙吉祥制香技艺传习中心】
电话：13666015999
位置：厦门市海沧区青礁村芦塘社30号

泥土之音

【赵亮】

人物简介：赵亮，厦门大学艺术学院音乐系教师、中国陶笛艺术委员会副会长、福建省民族管弦乐学会会长、福建省级非物质文化遗产代表性传承人、中国首位高校陶埙陶笛专业教师。他自幼向父亲赵良山（中国古埙复鸣者）学习古埙演奏。1996年出版埙乐专辑《请到我的花园来》。1999年保送厦门大学艺术学院研究生，师从中国音乐美学导师周畅教授，2002年获硕士学位。2005年开始陶埙陶笛的专业推广工作，同年于全国高校中率先开设陶笛艺术选修课程，已培养各类型陶笛学生数千名。指导组建国内首个高校陶笛社团——陶韵社。至今该社团已遍布厦门及周边地区的多所高校，社团成员近千人。为了拓展陶埙陶笛艺术更丰富的表现范围，几年内组织十余场大中型陶埙陶笛专场音乐会，积极带动两岸陶笛艺术交流。2016年于厦门大学开设埙（含陶笛）专业获得成功，成为国内首位陶埙陶笛专业教师。2017年古埙申报省级非物质文化遗产项目获得成功，他同时被评为非遗古埙代表性传承人。2017年在金砖厦门会晤期间，赵亮现场向五国夫人团和联合国教科文组织总干事介绍并演奏陶埙陶笛，还教授她们吹奏，获得热情赞扬。

相关链接：【古埙】陶土类闭管吹奏乐器，也可称为埙或陶埙，在古代乐器"八音"分类中属土类乐器。迄今发现最早的埙有7000多年的历史，隋唐后期，因外来音乐文化引入并繁盛，加之当时埙本身的形制简单，演奏性能不完善，故而逐渐淡出宫廷，流入民间。此后一段时期，埙淡出了人们的视线。随着近现代考古发现，埙再次进入人们的视野。"复活的古埙"主要盛行于福建厦门、台湾高雄等地区。

端阳忆

在端阳细密的雨中，穿过蜿蜒悠长的竹径，沿着鸿山书院长长的台阶逐级而上，一边是鸿山山色，一边是鼓浪海景。每向上一级，便似乎离凡尘更远一点，离心灵更近一点。

此次我们专程到鸿山书院拜访古埙传承人赵亮老师。鸿山书院位于鸿山公园，是厦港街道的社区书院之一，在中华优秀传统文化广受大众欢迎的大背景下，街道以此作为国学教育基地，为社区居民提供各类传统文化培训活动。欣赏着厦门八大景之一的"鸿山织雨"，不禁心想，在这清幽胜境中进行古埙的展览和教学，真是太合适了。

一抬头，看见石阶尽头，立着一个穿着宽大中式黑衫，撑着红伞的高大身影，还有一张温厚古意的笑脸，赵亮老师早早在此迎候。

"一路辛苦了！"赵老师一边问候，一边将我迎进书院古朴的院落内。

随着厦门市优秀传统文化普及推广的步伐，许多民间的有识之士以及热爱文化的人们自发地承担起传统文化的保护与传承工作。比如，自发担任文物志愿者、在每个节气组织相应的民俗活动、经常举办各类"雅艺"活动……相应地，传统书院也如雨后春笋般冒了出来，鸿山书院便是其中的代表之一。因其同时也是被誉为"最厦门"的厦港街道社区书院，所以对周围老百姓的影响最深，附近居民经常可以到书院免费享受各类书画展览、琴棋书画雅集等文化大餐。

书院坐落在厦门鸿山公园，一打开书院大门，鼓浪屿美景便跃然眼底。在幽静清雅的东方静庭式院落里，赵亮布置了一间展厅，里面陈列着他所珍藏的几十枚大小不一、颜色各异的埙。其中，也包括他在金砖会议期间为元首夫人们演奏的埙。

"最原始的埙没有音孔，只有吹孔，随着社会的进步和演奏的需求，埙的音孔渐渐增多了，其实都是在不断发展中的。"赵亮站在博古架前为我介绍。

在赵亮的展厅里，陈列着各式各样的埙，包括颂埙和雅埙。所谓雅埙，指体积大，在《三礼图》中提到，"大如鹅卵，谓之雅埙"，一般应用于雅乐中；所谓颂埙，指体积小，《三礼图》中则记录到"小者如鸡子，谓之颂埙"，常在雅乐之外的其他宫廷音乐中应用。

"我喜欢尝试各种新东西，你看……比如这一款既可以做杯子，又能吹奏的埙。"赵亮边说边拿起一个猫头鹰造型的杯子。

"其实，这是一只埙，是我和文创机构尝试开发的一些与生活相关的文创产品，这款产品卖得很好。"赵亮颇为得意地说。

一落座，他就端正地摆出茶具，准备烧水泡茶，他美丽娇俏的妻子则在一边笑意盈盈地招呼大家吃茶点。

"其实我也没做什么特别的，就是做了自己该做的事情。"赵亮边说话边把泡好的茶端到我面前。

自入驻书院后，赵亮便将大部分业余时间交给了书院，与书院一起联合举办了各类雅集，向社区居民们免费提供了一场又一场音乐盛宴，使老百姓能够近距离地欣赏这种千年雅乐，极大地丰富了群众的业余文化生活，又推广了埙文化。

2018年端午节，"我们的节日·端午"系列活动在鸿山书院举行。各类民俗活动热热闹闹，近3000名社区民众参与其中，挂菖蒲、点雄黄、射文虎、包粽子、体验穿汉服……好不热闹。赵亮也受邀为大家演奏了一曲父亲创作的《哀郢》，在古朴幽雅的书院，这首埙曲的声音极赋感人的感情气质，有着极丰富的表现力，荒古浑朴，苍凉哀婉……仿佛让大家看到一位悲壮的诗人，在端阳节这一天，他满怀悲怆，走向汨罗江。而赵亮演奏时手中所拿的古埙，正是父亲留给他的。

"就是这只埙，是父亲留给我的。"赵亮举起一只古朴的埙，上面有着岁月打磨的痕迹。"很奇怪，每次我手里拿着这只古朴的埙，似乎都能感应到父亲。"

埙特别擅长表达追思之情，对父亲的追思，对古人的追思……当天演出结束后，赵亮一个人站立在阳台上，远远眺望着对岸的鼓浪屿，看着鹭江浪涛阵阵，海风不断将他的衣襟吹起，思念的潮水将他层层包围。

"当年父亲为了恢复濒临绝灭的古埙艺术，在楚国爱国诗人屈原的同名辞作《哀郢》中找到灵感，意识到埙的立秋之音的音色气质和艺术特色的确十分适合表现楚国郢都被攻陷后，屈原痛心疾首的心情，于是他与作曲家龚国富配合，创作了这首埙曲《哀郢》。"

"我为你们吹奏一曲吧。"赵亮一个人面对大海，静静地，再次吹起《哀郢》。

此时，赵亮的眼睛已经微微湿润，他把埙举到口边，再次吹起那首曲子，波澜起伏的情绪化为悠长的音符，传达到听众的耳朵里、心里。仿佛有人涉水而来，掌着灯，折一支带泪秋兰，却无人能解，曲调幽深、哀婉。埙的声音婉转低沉，如泣如诉，仿佛能传达到另外一个时空。这首三分钟十秒的埙曲，把屈原在汨罗江边的痛哭声表现得十分真切，感人至深。

窗外，愁云密布，雨下的更大了。

我们都知道，他十分思念父亲。

赵亮的父亲赵良山是辽宁省黑山县人，出生于1939年，1963年毕业于中央音乐学院民乐系，后举家迁到厦门，担任厦门大学音乐系教授，为中国音乐家协会会员，中国民族管弦乐协会会员，他的名字已被列入《当代中国艺术界名人录》之中。赵良山专门从事我国民族管乐器的演奏和研究，擅长演奏古埙、竹笛、洞箫、巴乌、葫芦丝、土梁等，他所演奏的各种乐器均为自已亲手制作，有的进行了改革。他对人类最古老的乐器——埙的复鸣作出了重要贡献，被誉为"中国古埙第一人"。

赵亮记得十分清楚，父亲常常对着窗外久久站立，不时哀叹，他对赵亮说："让埙重返舞台，是一个艰苦的过程。由于一些因素的干扰，有的人对埙这个乐器不认可，三番五次阻碍着埙的舞台艺术复鸣。"

然而赵良山根本没有打算放弃，他一直在努力争取。最终，赵良山争取到了仅仅一分钟的表演时间，而正是1983年10月北京天桥剧场这一分钟的《哀郢》，震动了中国乐坛！埙独一无二的音色，使它的复鸣之声永久刻在了听众心里。乐曲虽仅仅一分种，但那其他乐器所无法替代的特殊表现力，给人耳目一新的享受，在国内外引起强烈反响，受到国内外专家和观众的高度赞扬。对埙的更广泛应用，起了巨大的推动作用。

埙，又重新回归大众的视野。父亲喜极而泣，多年的压抑也释放了出来。

各种荣誉纷至沓来，《人民日报》《光明日报》等几十家报纸皆以长篇文章介绍过他；中央广播电台曾用60分钟制作了他的长篇音乐专题。1985年春节，应中央电视台特邀，他参加了该年春节大联欢独奏，节目大受好评，让全国的观众都知晓了"埙及吹埙人"。

随后，他多次被邀到北京、上海、广州等大城市演奏，并为中外领导人演奏。他的埙还陪伴着他出访日本、菲律宾和我国香港等地，并在太空讲演馆及无线电视台举行了古埙的演讲和演奏会，将埙传播到了海外。

80年代后期，他应中国唱片总公司特邀，前往北京录制了《陶埙新魂》，这也是人类历史上第一张埙乐专辑；此外，他还曾经为《良家妇女》等多部电影、电视剧配乐。

"其实，大家所熟知的《大明宫词》中，许多配乐也使用了专辑中的多首作品。"

虽然赵良山一生为之矢志不渝的奋斗，将埙重新搬上了舞台，并传播到了世界范围内。然而由于埙的演奏技巧入门较高，他始终未能找到一个特别好的抓手，来进行埙的传承与推广。父亲未竟的事业，留给了赵亮。

还在娘胎里，赵亮就天天听着父亲吹奏曲子，这是父亲最早与他的交流——超越语言的对话。在浓厚音乐氛围的熏陶下，小小的赵亮刚刚记事就开始就开始跟着父亲学做埙，学吹埙，将埙的一点一滴铭记于心。念小学的时候，他就跟着父亲到处演出。

"那时候，我个子小，只到父亲的腰，我们一起演出的时候，都要仰头看着父亲；长大后，父亲却也慢慢老去，背也有点驼了，再一起同台演出的时候，我开始俯视父亲，却发现父亲的头发早已经斑白。"

时间骑着白马，从未曾停住脚步。小赵亮作为一个观察者，从小见证了父亲倾其一生都在为埙不断探索，不断奋斗，充满艰辛的人生历程。

80年代中期，赵良山举家迁往厦门，把古老的埙，以及来自楚地的"泥土之音"带到了八闽大地。

"那个时候，厦门作为新兴的经济特区之一，社会经济和文化事业蓬勃发展，收到厦大邀请后，父亲就带着我们过来了。"

然而最初，质疑的声音不时传来："埙是中原的乐器，厦门哪有传播埙的土壤啊！"此时，厦大一直坚定地对赵良山敞开欢迎的怀抱。

经过长久的考量，赵良山认为：厦门不仅风景宜人，还有独特的城市气质与艺术氛围，中西文化在这里兼容并蓄，素有"钢琴之岛""音乐之岛"的美誉，市民的音乐素养也普遍比较高，各种音乐元素在此生根发芽，融合发展，很适合作为对外发展的一个窗口。下定决心后，他坚定地扎根下来。

"父亲的选择是对的。中原古埙的流派很多，当大家都争着说你错我对的时候，我们在厦门这个角落反而得到了滋养，静静地发展，并且摸索到了一条适合自己的路。"赵亮用低沉的声音缓缓说道。

金砖情

阳光充足的厦门是一座只有夏天和冬天的城市，春秋极短暂。有人说："厦门是一座没有秋天的城市。"但正如赵亮所说，被誉为"立秋之音"的古老乐器——古埙，从中原楚地而来，却在厦门这片土地上生根、发芽、开花，并不断开枝散叶，发展壮大，且传播至四海。引人追思感怀的是，新老闽南人骨子里那份"炎黄血脉"的魂，"河洛文化"的根。

2017年9月，举世瞩目的金砖会议在厦门召开。在厦门大学活动专场，各国元首夫人和联合国教科文组织总干事前来参观，一位年轻的厦门大学教师身着中国传统服饰，双眼微闭，用手中一件古老的乐器为元首夫人们演奏了一曲改良哨埙（陶笛）作品，灵动欢快的音乐让中外来宾如痴如醉，赞不绝口。听罢这美妙的音乐，来宾们拿起这件古老的东方乐器，饶有兴趣地现场学习吹奏陶笛，乐在其中。在这重大的国际外交舞台上，面对无数的闪光灯和镜头，这位年轻教师淡定自若，仿佛一尾深海里的鲸鱼，在自己的海域潜思，用音符传达着来自远古的歌谣，展现出最初的生命力量。

这一情景于当晚在央视一套《新闻联播》和多个央视频道播出，厦门人的朋友圈纷纷转发点赞。这位儒雅温厚的年轻教师，不仅是厦大音乐系教师，也是古埙非遗传承人，他就是赵亮。一时间，"厦大吹埙人"和他现场演奏的乐器——陶笛，迅速成为人们关注的热点。

经过铺天盖地的宣传，大家都知道了赵亮，也知道了他手中所拿的乐器叫做"埙",是我国特有的闭口吹奏乐器,也是我国最古老的乐器之一,在世界原始艺术史中占有重要的地位。

埙是古代用陶土烧制的一种吹奏乐器,以陶制最为普通,也有石制和骨制的,其形状呈圆形或椭圆形,有六孔,顶端为吹口,亦称"陶埙"。按音孔来分,从无音孔到有音孔,从一孔到二孔、三孔、五孔,古代已经有六孔埙,清代宫廷云龙埙即是六孔埙。现代普遍流行八孔埙和九孔埙。据考古学家考证,埙产生于史前时代,距今大约7000年历史了。

"远古的先民以狩猎为生,最早他们用泥土制成类似'埙'形状的武器来攻击猎物,后来为了携带方便,就在上面打孔,用木棍串成一串。由于石头上有自然形成的空腔或洞,当先民们用这样的石头掷向猎物时,空气流穿过石上的空腔,形成了哨音,他们发现这种声音可以吸引猎物。接着,我们聪明的祖先受这种哨音的启发,制成了乐器,早期的埙就是这样产生了。"赵亮生动而形象地解释埙的来源。

作为我国古代重要乐器之一,埙在"八音"之中独占"土"音,在整个古乐队中起到充填中音、和谐高低音的作用。在周代的乐器八音分类中,埙被列为土类乐器。进入宫廷后,埙常与篪合奏。

在《诗·大雅·板》中有"天之诱民,如埙如篪"。

《诗经·小雅》中也有"伯氏吹埙,仲氏吹篪"这样的描写埙在古代宫廷盛典中演奏的情景。

埙与篪的组合是古人长期实践得出的一种最佳乐器组合形式,由于埙篪合奏柔美而不乏高亢,深沉而不乏明亮,两种乐器一唱一和,互补互益,和谐统一,因此被后人比作兄弟和睦之意。埙篪之交也象征着中国古代文人的一种高尚的、纯洁的、牢不可破的友谊。

埙所发出的自然而和谐的乐音，代表典雅高贵的情绪和雍容的气度，所以古代的圣人们十分器重这种乐器。在某种程度上说，埙和埙的演奏，体现着中国传统的儒家礼教文化在中国历史发展中的地位和作用。

郑希稷《埙赋》中曾写道："至哉！埙之自然，以雅不潜，居中不偏，故质厚之德，圣人贵焉。"

所以，在金砖会议期间展示及演奏埙曲，非常适宜，既可以展示我们国家深厚而独特的文化，又能表达友好邦交之意。

"我接到这项重要任务的时候，离金砖会议召开仅有不到三个月的时间了。当时是厦大专场活动，学校很重视，专门给我这个机会去展示。"

"我们老赵啊，就是人太老实，只懂默默地做。"他妻子在一边笑道，"所以呢，很多事情都只能由我来帮他打理一下。但他还不愿意我管太多，尤其不让我去管他陶笛社的学生们，护犊子啊！"他妻子调皮地嘟起嘴巴。

为了能把握这难得的机遇，更好地呈现这件乐器，赵亮全身心投入到筹备工作中。除了完成学校日常的教学工作，他所有的业余时间都投入到此次活动的紧张准备当中。由于多年受传统音乐的熏陶，养成了他温润的性格。虽然任务紧急万分，但他脸上却始终云淡风轻。只有在夜阑人静的时候，他坐在书房里一遍遍演练，并为了达到更好的艺术效果时，才会露出皱着眉头的模样。

妻子只当他又在创作什么新曲子，抱着她的宠物——一只可爱的长毛兔，静静地在一旁听他吹奏。昏黄的灯光下，白色窗帘随风轻轻飘动，空气中传来淡淡的花香，幽幽的埙曲传至遥远的天际，偶尔混进来几声虫鸣，就像一支宁静的仲夏小夜曲。

"我就是他的头号粉丝和最佳听众。许多时候，赵老师的工资都花在陶笛社里，办活动、做宣传、办公益讲堂，哪一项不需要用钱？他工资极少拿回来贴补家用，换做别人估计早就有意见了，可我太了解他这个人了，就像个木头疙瘩，一心只扑到研究和创作上，对市场一窍不通。嘿嘿。"他妻子幽默地调侃。

虽然偶尔会打趣一下丈夫，但为了让赵亮能够更加专注于艺术提升，学市场营销专业出身的妻子对他的陶笛和埙推广做了大量的努力，赵亮看在眼里，感动在心里，虽然语言上并没有太多表示，但心里对妻子又爱又敬重。

"活动是保密的，谁都不能说，这次参加活动也没有跟她透露任何信息。"赵老师认真地说，"但她应该都能理解的。"

此时的赵亮充满了动力，抱着一定要将最好的埙乐艺术展现给世界的决心，他投入了全部的激情。回想起他在厦大求学和工作的岁月，一帧帧画面浮上眼前：红顶的嘉庚建筑、静雅的芙蓉湖、火红的木棉、师友们熟悉的笑脸……他心底暖暖的，他觉得自己一直很幸运，他认为学校给自己那么好的展示机会，一定要好好表现，一定要为学校争光。

他想制作一款雍容大气又典雅的埙，用于展示和现场演奏，烧出来的作品有一点不满意就全部再重来，几乎所有资金都由自己承担。

当时根本顾不得那么多，也没法去计算到底投入了多少，不管付出多大代价和努力，他只有一个想法：一定要争取让这个非遗项目通过一道道严格审核，让古老的埙能够在重大外交舞台绽放光芒。

其实，经过多年的推广和努力，陶笛这件源自埙的精巧乐器在厦门已经家喻户晓。如果能把握这次难得的机会，在厦门金砖会晤中代表厦门大学的特色项目参与其中，向各国元首夫人及嘉宾近距离地介绍、演奏与教学将是他莫大的荣誉。他觉得，必须不负重托，完成好这次任务，这是自己的使命。

借着金砖会议在厦门召开的契机，中华古老的乐器站在了世界级的舞台上，站到了新的历史转折点上，成为大众瞩目的焦点。在国家全面实施优秀传统文化传承发展工程的大背景下，埙带着远古的气息走来，并搭载金砖快车，走向了全世界。

笃行之

　　埙的音色朴拙抱素，独为天籁。相传埙与大地相关，与泥土相关，为"立秋之音"。

　　中华民族历史上经历了无数的战争、迁徙，分分合合，使各种原生文化相互交融，并不断产生新的文化要素。据史书记载，西晋永嘉二年，"衣冠始入闽者八族"，早期移民把中原先进的农耕文化也传播到闽南，而本土文化也在各方面给中原汉文化带来深刻的影响，比如闽越人的海洋知识等。

　　作为一名传承人，赵亮时时刻刻不忘将这古老的乐器传承下去，使其生命力更加旺盛和绵长。他所有业余时间都交付给了埙：设立传习中心，开设公益讲堂，进校园、进社区等。2016年，鸿山书院和厦港街道鸿山社区书院成立，书院负责人找到赵亮，希望能够携手合作，将埙传承下去。

　　"因为书院是一个非盈利性机构，所以我们只能提供场地，没有额外的费用补助，你看……"书院负责人有些不安地征求他的意见。

　　"没事！能多一个地方展示和传承埙，是件好事，我全力配合。"赵亮不假思索，立即答应下来。

　　只要能将这个古老的乐器更好地传播和传承下去，让更多人了解和喜爱，他什么都可以无条件支持。

　　赵亮在学校念书期间接触过不少西洋乐器，甚至玩过一段时间的摇滚乐，组过乐队。大学时代的赵亮充满各种奇思妙想，他做了一个勇敢的尝试，出版了古埙乐曲专辑《请到我的花园来》。在他全新地演绎和编曲下，古埙不仅再现了悠扬的古韵，还与西洋古典音乐相融合，甚至可以演奏出具有时代感的新民乐，受到年轻人的喜爱。第一次"触电"成功给了他很大的信心。

"我的人生一直比较顺风顺水，也没有主动去为自己争取太多东西，就只是心无旁骛地'玩音乐'，但好事就一桩一桩地发生在我们身上，这座城市是我的福地，或许正应了那句'傻人有傻福'。"

研究生毕业后，赵亮因成绩优异获得奖学金，并留校任教于厦门大学艺术学院。期间，他与父亲赵良山经常参加厦门市的各类文艺演出及教学、学术讲座等活动，在闽南地区推动埙文化的传承与传播。父子二人对埙数十年如一日，不断探索，刻苦钻研，日子过得简单、快乐。

由于埙在当地的传播及影响范围较大，影响力较深，2009年，古埙申报厦门市非物质文化遗产项目获得成功，他们也成为本项目的代表性传承人，并成立了专门的推广传习中心。自此，他又多了一个身份，感到身上的使命感更加重了一些。

如何更好地推广普及古埙艺术，成了他所面对的一项紧迫任务。每种乐器都有自身的属性，埙天生具有比较悲情的气质，而且需要较高的入门演奏技巧，相较其他乐器而言，在传承上具有一定的难度。正在他一筹莫展的时候，他发现了海峡对岸的陶笛。

陶笛这一名字最先从台湾地区传出，陶笛其实就是古埙，应称为"哨埙",是带有哨口的埙类乐器。

他发现陶笛和埙的外形和材料极为相似,指法和运气等技巧也类似,学习吹奏陶笛可以为吹奏古埙奠定良好的基础。于是,为了更好地推广普及古埙艺术,赵亮将陶笛定为传承埙文化的先导乐器。

他在厦门大学首创陶笛全校选修课,并成立了全国第一个陶笛社团——陶韵社。2016年,厦门大学首开陶埙(陶笛)专业,赵亮也成为中国首位高校陶埙陶笛专业教师。陶笛简单而不俗气,蕴含着中国传统埙的特色,受到了青年学生们的喜爱,他们怀着极大的热情学习陶笛,并自发地组织各种活动,比如为庆祝母校95岁生日而举行的陶笛快闪活动,以及各类兴趣小组活动等,让更多人认识陶笛、喜爱陶笛。

为了有效地传承埙文化,赵亮积极开展传承活动,在小学开办公益兴趣班、进社区开展演奏讲座、举办陶笛大赛等,积极培养新一代传人。他教的学生没有限定于音乐专业的学生,英语系、物理系、财会系等专业都有,陶笛已经成为他们展示才艺的最好乐器。经过多年的推广和努力,陶笛这一源自埙的精巧乐器在厦门家喻户晓,接触的人越来越多,再加上近些年来一些古装影视剧中埙的元素越来越常见,这些都带动了更多人对埙的认知和兴趣,加速了埙文化的发展。

通过两代人不懈的努力,终于使得这种古老乐器在厦门广为流传。在这个东南沿海城市,在这个没有秋天的文艺小城,从7000年前走来的古老的埙,焕发了新的生命,找到了新时代下最适合她的发展道路。

"陶笛不管叫什么名字，它都是有根的，去争论或在学术上进行探讨，无形当中都会把中国传统埙的艺术和潜在的文化价值给争论出来，让更多人知道它。我希望将陶笛和埙共同发展，来带动埙的文化传承和它在当下的普及，同时加强两岸的文化认同。"赵亮说。

2017年举办陶笛大赛时，赵亮带领他的团队从场地选择、宣传推广、活动策划等全部工作都亲力亲为，整场活动需要不少资金。妻子发挥自己做市场营销的优势，跑了不少商家，帮他拉到不少赞助商，以减轻资金方面压力。就在比赛快开始前，原先商定好的商家临时改变条款，不允许他们布置外围广告和展位，他们一下子懵了。这意味着所有拉到的赞助都打了水漂，还会得罪不少人。然而，作品和选手征集已经过半，网络参赛选手已经达到了好几十位，比赛时间和场地也已经对外发布，怎么办？

这时，赵亮说："办下去！必须办下去！"

妻子看着赵亮坚定的眼神，也捏紧了拳头，有力地点头回应。无论遇到什么困难，都必须坚持办下去。夫妻俩破釜沉舟，为了给孩子们一个展示的舞台，为了陶埙的推广，花再大代价，即便亏本也要把活动办下去。

类似这样的事情，数不胜数，生活和工作中遇到的风浪无数。无论何时，她都是跟他紧紧站在一起。他演出时，她帮他一起调试音效；他苦闷时，她帮他一起寻找灵感和突破口；他被人误解而压抑时，她又宽慰他，逗他开心。他们就像舒婷笔下的橡树和木棉，紧紧地依偎在一起。她爱他，不仅爱他伟岸的身躯，也爱他坚持的位置和脚下的土地！

他们连续举办了数届陶笛大赛，已经形成一定影响力。夫妻俩决定，不管遇到什么困难，都将继续办下去。

厦门与台湾一水相隔，同根同源，发展陶笛本就具有得天独厚的优势。因为这份独特的城市气质，厦门成为第一个推广陶笛的城市。陶笛也成为两岸音乐文化交流最好的媒介，伴随着海峡两岸陶埙陶笛艺术节等活动的开展，以及两岸陶笛文化交流会的成立，越来越多的人开始认识古埙，学习古埙，传播古埙。

花开花落，一年又一年，他们培养的学生队伍越来越庞大，陶埙和陶笛在闽南这块土地开枝散叶。有的学生甚至将它带到了全国各地，传播到了国外。

陶瓷发展史是民族文化发展史的一部分，而这种由陶土做成的乐器更是带着祖先的远古记忆和智慧。2017年，古埙成功列入福建省非物质文化遗产代表性项目名录，而赵亮本人也被评为第四批福建省省级非物质文化遗产代表性项目代表性传承人，这是几代人为之付出的努力与心血。

在经过许多理论研究和实践之后，赵亮愈加坚定，传统的古埙必须与时代结合，形式可以灵活改变，但骨子里的精神内核不会变。传统古埙这种乐器背后，是中国人的审美情趣和价值取向，融进了世世代代的血脉之中，是我们民族的记忆。

"我希望在不久的未来，很多人会因为自己会演奏陶埙、陶笛而感到自豪。"赵亮说。

他语调平静而坚定，给人稳重踏实的感觉。世间美丽的事物常常令人心动，然而，只有"德厚"之物才值得珍藏。埙不也正是如此吗？来自楚地的"泥土之音"，声音中正平和，带着大地的厚重，仿佛在呜咽着对先人的哀思，又仿佛在对我们吟咏着"不偏谓之中，不易谓之庸；中者，天下之正道，庸者，天下之定理"的经典篇章，传递着先人的生活智慧和哲理。

TIPS：
【古埙工作室】
联系人：赵亮
电话：13606028830
地址：厦门市思明区民族路47号1楼100号

墨禅一味

【伊玄】

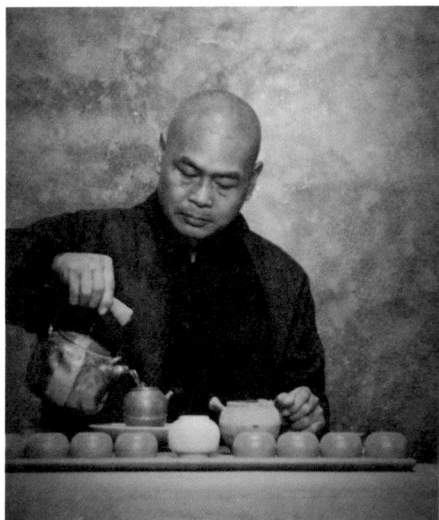

人物简介：伊玄，字一玄，号觉园山人。当代艺术家、文化策划人、乡建营造师，道智慧活化应用东方美学生活践行者，"全心美学艺术疗愈"行修心课开创者，"禅观冥想艺术体系"创建者，"墨禅一味"系列作品创建者。原厦门工艺美院专业教师，早期作品曾获福建省青年美展一等奖，美国佛蒙特艺术中心驻地访问艺术家，北京伊玄禅观艺术空间创建人，艺术乡建的经典——澳头村史馆+玄象美学馆联合创建人与总策划，福建省青山传统文化发展基金会理事兼策划，"一玄山居"诗山画苑创建兼主理人。

月白风清

记得那是一个夏夜，在为伊玄老师的一个展览活动担任主持后，坐在他位于澳头的村史馆，感受着湖面上吹来的带着大海味道的微风，望着院子里那一片皎洁的白，聆听寂静。

擅长将周围景致与作品融为一体，呈现出空灵意境的伊玄老师，为了这次展览，特意在其三进的中间院落里，铺满细碎的白色鹅卵石，再在其上布置了不知从哪里淘来的充满苍凉古朴意味的木质器具。月光倾下，鹅卵石反衬着那一片洁白的月光，绽放着温润的莹光，不刺眼，却充盈了整个时空，人如同浸润在月光中。

如水般清凉。

在我以及很多朋友的眼中，伊玄老师，就是一位风光霁月的人物。

最初结缘，是丁酉年夏天。鸿山书院成立之初，便吸引了很多有识之士前来，其中不乏本地成长后来到外地发展的优秀艺术家。曾任教于厦门福建工艺美术学院的当代艺术家伊玄，也回归艺术故乡，在厦门鸿山书院举办"墨禅一味"艺术个展。展览由厦门鸿山书院主办，厦门兰琴古厝承办，展期为一个月。由于在此前，伊玄老师的太太在鸿山书院开业典礼上与我相识，故邀请我作为此次艺术展览的主持人。那时候，作为书院创始人之一，我对传统文化及书院建设保持着极高的热情，几乎每个周末的业务时间，都投入书院的雅集活动或未来发展的义务工作中。通过这些活动，自身也得到了人文方面的熏陶与成长，所以便欣然接受了李俐姐的邀请。

对于那次活动，我印象极为深刻。每次活动前，我都会认真学习感受活动的内容及调性。展览那天，我在衣柜中选择了一条最为朴素的黑白渐变纱裙，犹如墨染，觉得它最契合伊玄老师作品的风格。简单的开幕式结束后，大家静静地欣赏着伊玄老师的作品。

不得不说，当天展览的氛围极妙。意境营造大师伊玄把整个书院都赋予了古朴禅意，每一个小角落都花了心思，却又显得自然而然。鸿山书院的绿瓦白墙以及古木屋，配上伊玄老师精心挑选的57幅作品，极为素雅、古朴。这些作品大多为近几年的新作精品及旅美时期重要作品文献，体现着伊玄老师艺术造诣的成长及个人修为的进阶。为了给参观艺术展的人们更加丰富的艺术体验，主办方还在展览期间准备了日课堂——"墨禅一味"冥想静心书写课室、"生活禅与心灵安顿"讲座、河洛文化讲坛系列之"墨禅一味相遇南音古乐"清凉歌集与清凉画境、雅集"墨禅一味与茶禅一味"等分场主题活动。

国际著名策展人评论家、德法哲学博士夏可君曾说："伊玄的'墨禅一味'系列，呈现'气力'和'气韵生动'的一化式水墨艺术，一抹心痕在大量空白的空中荡漾。他把传统水墨的'余味'和'韵味'做得很足！"

多年研习老庄与心理学的纽约著名评论家、国际策展人罗伯特·克拉多克对伊玄的艺术也给予高度评价："伊玄的艺术实践是一种催化剂，人们从他的作品上看到的是自己内心世界的一个投影。伊玄的艺术实践开启了东西方文化背景下更加广阔的模式和意义。"

在日课堂中，身着棉麻素色中式服装的伊玄老师端坐在讲台的授课桌前，为底下坐着的大同学、小同学们讲授如何运笔，如何用墨。极短的头发衬得他脸很圆，耳垂也显得很大。

"大家把呼吸放慢，静下心，慢慢跟着我写。一横，再一横……"伊玄老师缓慢且从容地一边讲解，一遍演示。

平日里习惯了快节奏的风尘仆仆的人们，一开始都心浮气躁，才发现真正要写好一横一竖原来真不是一件很简单的事情。你要掌握好水墨比，把握好毛笔尖与宣纸的接触角度、力度、速度……一旦急躁，横便歪七扭八或者粗细不一。有的成年人"大同学"咧开嘴不好意思地笑笑，年龄小的"小同学"则抓耳挠腮，甚至不小心用毛笔把自己的脸画成了小花脸……

在伊玄老师的悉心指导下，几个回合下来，大家渐渐领会，且沉静下来。整个教室鸦雀无声，只剩下毛笔尖划过纸面的声音，呼吸都变得缓慢安静。尽管横竖还是没能做到像伊玄老师演示的那样均衡饱满，却也慢慢有了些模样。大家就那样静静地写着一横、一竖……体验着这份难得的宁静。与其说这是一堂书法课，不如说，这也是一堂修心课。在这横竖之间，构建了一个心流场，大家沉浸在当下的时光，忘却了职场的纷扰以及家庭的鸡毛蒜皮，安静地与自己待在一起。

伊玄老师满意地微笑着，微微点头。

作为一名知名画家，伊玄老师将十几年潜心禅修的体验与艺术实践相结合，实现了艺术与禅道的合二为一，艺术既成为他修行的见证，也成为他修行的法器。

在飞速发展的社会，人类社会面对越来越多的压力和冲撞的群体情绪，无时无刻不在激荡着的时代进程。许多人都在学习和经历着，如何从这浪潮中挣脱、沉淀、找寻自我。伊玄老师从禅宗和灵修中实现"明心见性"和"悟后而修"，并将其修行的感悟，践行于生活之中，投置于纸笔之上。从"灵光系列"到"玄象系列"、"日课系列"和"一味系列"，伊玄从传统到当代艺术探微，一路递进与演化，习古而化，心源寻根，契合当下灵心与艺术语言，创生出亦禅亦画的独特艺术风格和自成一派的"禅观艺术体系"。透过他的作品，人们往往能感受到带着古意的清凉，获得心灵的宁静。

英国伦敦HUA画廊曾这样评价伊玄的艺术作品和风格："他是一位独特的注重人文本体关怀又充满灵性的中国当代艺术家。伊玄最近几年在中国、欧洲和美国成功举办了个人画展和联展，并在中国越来越受到广泛的关注。

伊玄深受东方禅道玄学影响而创作了一系列画作，他的作品摆脱了表相的形式，直指内在隐象的灵性世界，他的艺术在禅观的空明状态下生发。在他的作品中常常呈现一种从混乱无序到和谐有序的东方气韵，并产生深远的平静和深度的安详。"

这样一位仿佛穿越时光而来的艺术家，我不敢想象他经过了多少世事打磨，也不敢揣测他内心曾有过多少痛苦彻悟。但走过无数地方，获得过诸多荣耀的他再次站在我们面前，带着那抹温暖和善的笑容，带着那份质朴谦虚的儒雅，看上去极为平凡，却又充满强大的能量，犹如满月。

红砖古厝

回归艺术故土后，伊玄老师除了不断精进自我之外，还与他的太太携手投入乡村文化振兴的事业中。

位于厦门东部的翔安澳头，曾经是一个名不见经传的小渔村。靠近出海口，人们最初靠海吃海，在这里打渔为生，村落里还保留着一些闽南传统的红砖古厝，有几户人家经营海鲜馆后生意兴隆，岛内的人们都喜欢周末驱车到村里吃一顿本港海鲜，新鲜又便宜。由于文化产业的兴起，当地政府花了很多心力，挖掘澳头的文化，进行整体策划，并邀请了诸多中外艺术家到此形成聚落。没成想，这里居然实现了从一个小渔村到中外艺术交流中心的嬗变。公元1821年，我国第一艘直通新加坡的货船从澳头驶出，200多年过去，原来的古渡口蜕变重生，以当地传统美食和当代艺术再次联接世界。伊玄也是受邀在此落地生根的艺术家之一。

他利用一座红砖古厝，在全国首创打造出"水墨丹青绘村史"澳头村史馆和玄象东方美学生活馆。在多方支持下，村史馆于国庆假期成功开馆，并取得在地村民和全国各界人士的广泛赞誉与认可。

其实，早在2004年，第一次与古朴自然的澳头相遇，就给伊玄留下了深刻印象，之后的十年里，伊玄多次前来拜访澳头的学兄苏遥，最终决定回归故土潜心创作，且热心于乡村共建。

2016年，因缘具足，受文化促进会会长苏遥引荐、翔安区政府邀请，伊玄和夫人开始参与澳头乡建文化并出谋划策，在多方善缘助力下，玄象文化公司于2017年圆满完成澳头村史馆和玄象生活美学馆的总体建造，并入驻运营。

其中的伊玄重拾乡土文脉的《澳头古今人文景观十二画屏》，对唤起曾被人们遗忘的故乡人文记忆，并引导人们重新发现"乡村之光"，起到了很大的社会效用和文化价值。

除了源于澳头本土文化基因的艺术创作，在玄象文化的筹备中，村史馆还举办了多个特色展出和活动，从多个方面在澳头打造一个"活化艺术生活综合体"。在举办展出和活动的同时，村史馆打造出了一个复合空间，将整个空间营造成为"人在之中"的总体艺术。除了系列作品展示之外，整个空间美学、空间与展品关系、观众的浸入式体验和心灵的微妙感受成为村史馆活化乡建营造中的重要组成部分。

澳头村史馆与玄象生活美学馆以二合一复合人文空间，通过"保护尊重古建文化并活化在地人文"和"水墨丹青绘村史"的独特创意以及复合空间美学一体思维营造，成为澳头特色小镇的重要文化名片，也成为全国特色小镇乡建营造的经典案例，并荣获2017年厦门文化产业年度风云榜"年度创意空间"大奖。

伊玄实实在在地为澳头的文化发展努力着，奔走着，他基于澳头本土文化基因进行艺术创作，并策划了诸多展览，举办了无数活动，就是为了营造浓厚的文化氛围，延续文脉。

比如，众多聚集在澳头的艺术家们联合策划了"澳头面朝大海艺术季"，在2017年第四季古渡新航暨瑞典文化年之中瑞当代海丝艺术展中，来自两国的15名艺术家通过艺术创作在澳头共谱交流合作的佳话。开幕式的其中一出重头戏就是位于澳头村史馆的伊玄综合艺术展正式开展。当代知名艺术家伊玄的跨界综合艺术首次在百年古厝澳头村史馆亮相，其中既有别具一格的当代禅意水墨画，又有公共艺术项目，还有乡建案例的总体呈现。

"此次综合艺术展有别于常规的画廊展，我用东方玄学智慧再生、活化古厝空间，并将其艺术化。"伊玄介绍，"百年古厝的有限空间经过精心规划、布局、装饰后，呈现出一种禅观艺术。观众既可欣赏伊玄独创的近30幅墨禅书画作品，还可参与水墨书写课，以及到'一觉'冥想体验室感受一下。"

'一觉'冥想体验室在澳头渔港艺术小镇推出预告后，众多市民、游客报名预约体验。有体验者说，她静静地坐在禅堂内，听不见外界嘈杂声，感受到自己的一呼一吸，内心非常平静，是非常惬意且特别的体验。

此外，他还策划或参与了村史馆里的民国先生——陈云贵民国人物白瓷造像艺术特展、大自然的超艺术、当代中国水墨大展、澳头社区文旅节等一系列活动，从多个方面在澳头打造一个"活化艺术生活综合体"。

在入驻澳头的几年里，村使馆的那份禅意和闲适浸染了整个空间。墙外是静谧的怀远湖，墙内是色彩浓郁的三角梅，煮茶烹酒，云卷云舒，湖畔的村史馆已成为澳头一处人文地标，守望着这座正在崛起的文艺小镇。

何意栖碧山

在蜿蜒的山间小道上，一位头戴草帽、脚穿长筒雨鞋、身着灰色棉布T恤的中年人正在一趟一趟搬运砖头。朴实无华的装扮，晒得黝黑的皮肤，熟练的搬运动作，远远看去就像一位农夫，谁能想到他竟是一位驰名中外的画家。

"所谓'砖'家，就是一个艺术搬砖工。"他调侃自己道。台风过后，他搬砖筑坡，填坑补路，修缮灾后的"一玄山居"。

他的艺术就是他的生活方式及内心的写照。伊玄老师喜爱自然本真的生活，他弃城回乡，在泉州南安打造"一玄山居"，自己搬砖修路，自己开荒除草，自己拾掇院落，将原先的旧土房改造为画室，猪圈变成茶亭，借助归园田居的艺术乡建，沉浸入住山林。

"这是一个有历史、有文化、有诗且如画的闽南古镇。唐时，诗山原叫山头社。唐末王审知在这里发动兵变，拉开了创立闽国的序幕。唐朝文学家欧阳詹曾在这里隐居读书，他后来高中进士，天下闻名，山头社也因此出名。朱熹慕名而至，阅读欧阳詹的诗文后，赞曰'此诗山也'。自此，山头社更名为诗山。这里有著名的古刹风山寺，建于五代后晋年间，供奉郭圣王，是世界广泽尊王崇拜的祖庙。这里还有诗山塔，为南宋宝祐四年建造，是罕有的阿育王式古塔。诗山的南安师范学校于1939年创办，为闽南地区培养了许多优秀教师……"讲起这个地方，平常话不多的他打开了话匣子，滔滔不绝。看得出，他真的很喜欢这个地方。

山居建好后，他为了延续当地文脉，组织诗山山门研学，孩子们到这里来体验自然耕作，聆听鸟语，沉浸式体悟粮食来源，用实践真正读懂书本上学到的"谁知盘中餐，粒粒皆辛苦"，才能学会珍惜。他还发起觉行走乡村运动，缓步穿行在满目苍翠的山间小道，在大自然的生态氧吧中唤醒能量，希望能为城市生活中紧张忙碌的人们提供自然疗愈。

"晴耕雨读"是无数人心灵深处的渴望，也是中国人骨子里流传的信仰。伊玄老师将许多人的梦变成了真实。下雨天，他伴着一曲山居吟，临风听雨，品天地风云，把点滴时光活成诗意。天晴时，他辛勤耕种，用汗滴浇灌脚下泥土；他会跟夫人一起提着篮子满山转悠，寻找柴鸡蛋和菌菇；他光着膀子为植物修枝，半农半艺，劳逸相宜。闲暇时光，他便坐在院子中的摇椅上看书，一只叫大黄的小狗在旁边吐着舌头转圈圈。

俗话说"人在半山即为仙"，他每日在山中，呼吸着自由清新的山中清气，全息感知山林田野日月星辰，与自然链接，与天地合一，好不自在。正是在这里，他创作了一系列新的佳作，其中一幅作品被华为集团永久收藏。

"我看青山多妩媚，料青山见我亦如是。"伊玄在这里，每日冥想，静心书写，止观行修，体悟着自己的全心美学。想必，在这个充满灵气的地方，他能够静养自己的身心，更加接近自己所追寻的艺术大道。

玄本无色

纽约艺术评论家、策展人、收藏家罗伯特·克拉多克曾这样评论伊玄："在美国驻地访问期间，伊玄用中指的指尖和指甲在涂满油画颜料的一块画布上创作，完成了一件作品，结果该作品产生了像声波共振的磁场效果。伊玄称此作品为'禅修状态下的日课行为'。2009年3月17日至22日他创作了该作品，这五天期间他每天都用同一指尖和指甲在涂满漆黑颜色的画布上随心刮划出痕迹，直到油彩干枯凝固划不动，指甲磨损划不出痕迹为止。画布可能被当作一个精神载体或一个神器。事实上，艺术确实是艺术家的肉体和精神灵性合一的行动。有一点是清楚的，他的艺术实践是在他灵性修炼的引导下完成的。这是理解伊玄创作的首要入口。他的创作已经开始远离具体的形象或表面形式，而是用心灵直觉去创作基于时间的非叙事行为作品。"

老祖先有句话，叫做"一通百通，一悟千悟"，当一个人到达一定境界时，许多东西都是融会贯通的。关于艺术的边界，早在18世纪时，法国人夏尔·巴托就试图建立一个艺术体系，将诗、绘画、音乐雕望和舞蹈包括进来，中文通译为"美的艺术"。这是巴托对艺术的理解，他包容了以上五种艺术，所排除的，则是其他的艺术和工艺。正如许多艺术界的研究者和从业者所达成的共识：艺术没有边界，也没有止境。舒曼曾说："在一个艺术家心目中，诗歌却变成了图画，而音乐家则善于把图画用声音体现出来。"艺术门类间的交融，是艺术家相通的体验所感，伊玄老师的艺术创作打破了时空，已经将人、景、物，与其艺术创作融为了一体。当我们访问其山居时，我们也参与了山居的营建；当我们参观他的展览时，我们也成为其展览的一部分；在观赏他的画作时，我们又何尝不是他的作品所存续时空的一个元素呢？

所谓"大道至简"，伊玄老师的作品，最终能形成独特的风格，得益于他自己不断提升自我的心灵品质与哲思。他深入研究中华优秀传统文化，长期认真学习并推广《道德经》。为此，他发起并参与许多公益活动，录制课程视频，举办学术沙龙，无私分享给大家。

郭永进老师曾评价伊玄老师和夫人，用爱心打造了一个充满艺术气息、高贵不贵的艺术空间。诚如其言，只要心灵品质提升，处处都活在天堂中。伊玄老师所打造的山居也是他在大自然中的一件艺术品，与他所创造的书画作品一样，人们只要走近、凝望、感知，便能获得宁静的力量和幸福的能量。

北京大学艺术学院教授、策展人彭锋也曾这样评价过伊玄老师的作品："青年时期传统的'一画论'及禅道核心思想'心物不二''万物一体'的世界观像种子一样深植于心，步入中年的伊玄经十几年潜心禅修体验与艺术实践，艺术与禅道终合二为一，禅画一如，艺术既是他修行的见证，也是他修行的法器。从伊玄的创作来看，他的灵性艺术可以分为两个部分，一部分是身心的渐修，另一部分为心性的顿悟。前者在'日课'系列作品中体现得比较明显，后者在'一味'系列作品中体现得相对充分。与'日课'系列不同，'一味'系列追求的不是时间意义上的'空'，而是刹那间的心智直觉或者顿悟。'一味'系列无须长时间的重复，它需要的是瞬间的开启，如同黑暗中的第一道亮光，如寂静中第一波悸动。伊玄'一味'系列作品，很好地诠释了在寂静止观禅定中灵光显现的心象禅境。"

有一个场景令我始终记忆深刻。多年前，我与一位厦门文创界早期的知名人士到澳头寻访伊玄，这位早早在国内外文创领域获得极大成功的知名人士一看到伊玄老师，立即迎上前去，弯着腰，激动地握着他的手，十分恭谦。言谈中，我才得知伊玄老师曾经任教于厦门工艺美院——一个培养了无数闽籍优秀艺术家的摇篮，他桃李满天下，凭借极高的艺术造诣在学生中威望极高。后来他自己经商，做家居设计，早年间赚了不少钱，真正算得上是一位成功人士。真的难以想象，就是这样一位享誉国内外的优秀艺术家，看上去却如此平凡，粗衣淡饭，低调谦和，半隐于山。

我想，难以用语言和词语来定义他。何必去定义呢？只要静静地观赏他的作品，与他一同感受和体悟，就好了。

"道可道，非常道……"几个孩童围坐在田间谷堆旁大声朗读，伊玄老师则在旁边，一边往卧在旁边的牛嘴巴里喂了一把草，一边看着孩子们，会心地笑了……

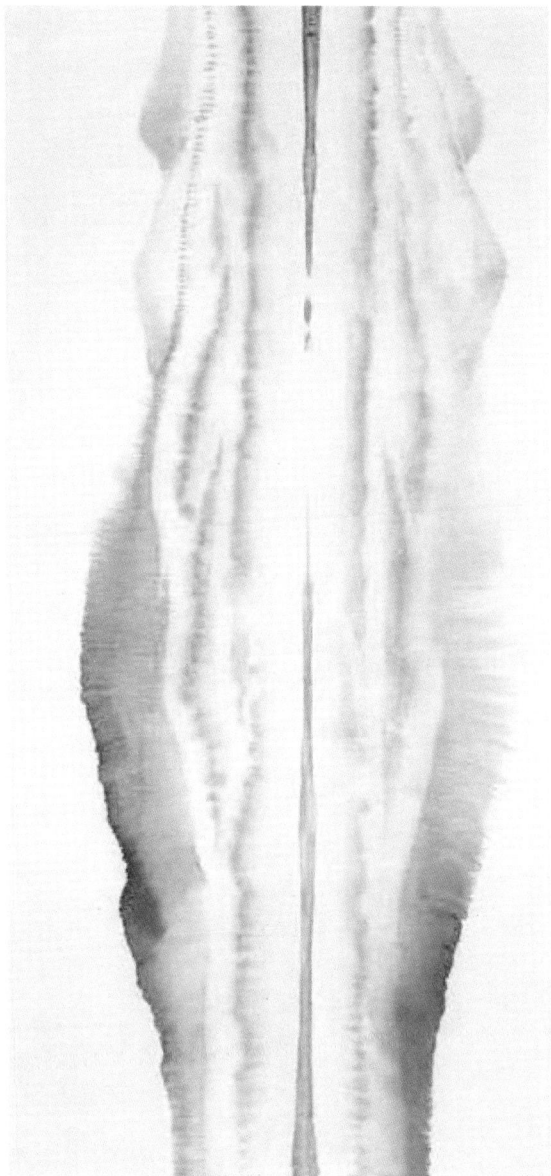

玄墨心湖系列（伊玄供图）

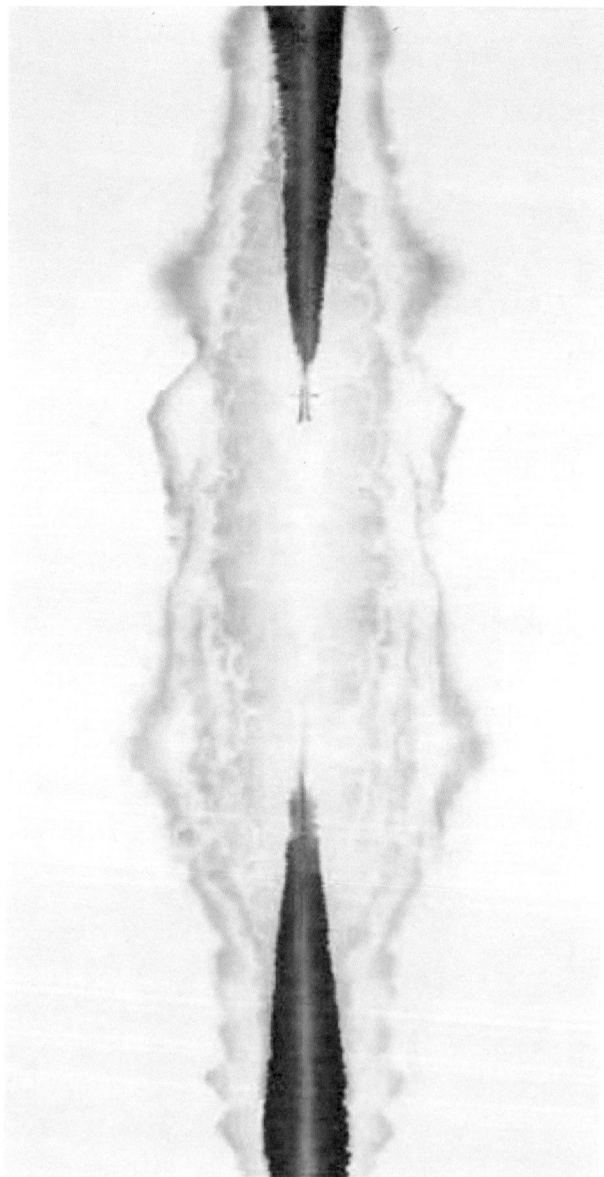

玄墨心湖系列（伊玄供图）

墨禅一味系列（伊玄供图）

TIPS:
【澳头村史馆】
联系人：李俐
电话：18950065448
位置：厦门市翔安区金海街道下海仔里8号